El
ARTE de la
GUERRA

— para —

LA PEQUEÑA Y
MEDIANA EMPRESA

El ARTE de la GUERRA

para

LA PEQUEÑA Y MEDIANA EMPRESA

Derrote a la competencia y domine el mercado
con las estrategias magistrales de Sun Tzu

BECKY SHEETZ-RUNKLE

GRUPO NELSON
Desde 1798

Para otros materiales, visítenos a:
gruponelson.com

Título en inglés: *The Art of War for Small Business: Defeat the Competition
and Dominate the Market with the Masterful Strategies of Sun Tzu*
© 2014 por Becky Sheetz-Runkle
Publicado por AMACOM, una división de la American Management
Association, International, Nueva York. Todos los derechos reservados.

Editora en Jefe: *Graciela Lelli*
Traducción y adaptación del diseño al español: *www.produccioneditorial.com*

ISBN: 978-0-71803-459-7

Impreso en Estados Unidos de América
15 16 17 18 19 DCI 9 8 7 6 5 4 3 2 1

Para mi marido, David Runkle.
Se merece una medalla.

CONTENIDO

PARTE 3 – PRINCIPIOS PARA EL CAMPO DE BATALLA

PARTE 4 – SUN TZU AVANZADO: ESTRATEGIA PARA TU PEQUEÑA EMPRESA

AGRADECIMIENTOS

El arte de la guerra para la pequeña y mediana empresa depende de la traducción de Lionel Giles como su fuente primigenia. También estoy en deuda con Thomas Huynh por la traducción y las notas de su *The Art of War: Spirituality for Conflict* [El arte de la guerra: espiritualidad para el conflicto], publicado por SkyLight Paths Publishing, y por permitirme generosamente usar muchos pasajes de su obra aquí. Thomas ha sido una fuente de aliento y comprensión de Sun Tzu, y su perspectiva aporta una visión más matizada del filósofo-general. He tomado algunas referencias de la popular traducción de Samuel B. Griffith de la Universidad de Oxford, así como de la versión presentada por Steven Michaelson en Beijing en un simposio de la Research Society con respecto a *El arte de la guerra* por Sun Tzu. También confié en *Sun-Tzu: Art of War – The New Translation*, de J. H. Huang, publicado por Harper Paperbacks, para algunas traducciones así como para el contexto histórico difícil de encontrar.

Estoy agradecida a cada uno de estos autores por sus contribuciones a la literatura de Sun Tzu y por su orientación en el desarrollo de *El arte de la guerra para la pequeña y mediana empresa*.

EL ARTE DE LA GUERRA PARA LA PEQUEÑA Y MEDIANA EMPRESA

INTRODUCCIÓN

magina que el gran cerebro de la estrategia Sun Tzu estuviera con nosotros hoy. Imagina que él, como muchos militares de carrera, pasara después de retirarse al mundo de los negocios como directivo o se uniera al equipo ejecutivo de una pequeña empresa. ¿Cómo adaptaría sus principios de *El arte de la guerra* para hacer la guerra y la paz por su pequeña y mediana empresa y convertirlo en un imperio?

Esa es la pregunta que hay en el fondo de *El arte de la guerra para la pequeña y mediana empresa*.

Los principios militares del clásico de Sun Tzu, *El arte de la guerra*, son intemporales. Se adaptan y cobran vida diariamente por las compañías y los ejecutivos que los usan. Los buenos estrategas hacen cobrar vida a Sun Tzu con frecuencia, a menudo sin reconocer necesariamente los orígenes de su estrategia en las sabias palabras de hace más de 2.500 años. ¿Cuánto más eficaces serían si estudiaran la dirección de Sun Tzu y fueran capaces de aplicarla con más propósito? ¿Cuánto más eficaz serías tú?

Los líderes de pequeñas y medianas empresas deben ser más inteligentes y cautelosos que sus adversarios más grandes y mejor establecidos. Fracasarán si intentan igualar a los grandes jugadores herramienta por herramienta y jugada por jugada. Y se marchitarán en la parra si solo tratan de responder ante las tormentas. Esto es particularmente cierto en industrias competitivas con márgenes pequeños y escasos. Las pequeñas y medianas empresas deben ganar batallas y alcanzar el éxito con presupuestos muy ajustados y, en comparación, pocos recursos. La buena noticia es que si se interpreta y se explica bien, Sun Tzu proporciona una visión profunda para dirigir e inspirar los movimientos de los líderes de pequeñas empresas para que puedan superar a su competencia y dominar sus mercados.

Para hacer a Sun Tzu todo lo relevante posible, *El arte de la guerra para la pequeña y mediana empresa* está lleno de ejemplos de su estrategia puestos en práctica por pequeños comercios. En gran parte de los casos (aunque no en todos), los que lo han hecho probablemente han emulado a nuestro héroe sin quererlo, pero han sido recompensados igualmente por sus movimientos. Algunos de estos comercios han errado el blanco en algún momento de su evolución, o puede que más adelante hayan caído en desgracia, temporal o permanentemente. Pero no confundamos futuros fracasos con actuaciones de las que merece la pena aprender e incluso quizás emular.

El arte de la guerra para la pequeña y mediana empresa es para los que ya son emprendedores o aspiran a ello, y para profesionales de pequeñas empresas que batallan con Goliats, y que buscan convertirse algún día en un punto de referencia en sus respectivas industrias. También es para aquellos que estudian a Sun Tzu y buscan una nueva adaptación únicamente para fuerzas más pequeñas. Este libro es un estudio exhaustivo de la obra maestra de Sun Tzu, enfocado a la aplicación en pequeños ejércitos e ilustrado con historias de éxito. *El arte de la guerra* es en gran medida el manual que las fuerzas más pequeñas pueden usar para obtener el dominio. Este libro es tu guía para su aplicación.

SUN TZU EN EL JIU-JITSU

Tomé mi primera clase de artes marciales en 1990. Tenía quince años y era un momento decisivo. Mucha gente toma una clase de karate, taekwondo, jiu-jitsu u otra arte marcial y, si les gusta, declaran que quieren conseguir un cinturón negro. Yo no. Fue durante aquella primera clase de tangsudo en el ya extinto Club de Karate Rising Sun que supe que quería dedicarme a las artes marciales. Quería estudiar, entrenar y enseñar. Supe aquella misma noche que un día tendría mi propia escuela. Más de veinte años y varios cinturones negros después, me complace decir que los sueños se vuelven realidad y que la pasión continúa encendida. Enseño en un pequeño *dojo* (gimnasio) en mi hogar a un selecto grupo de estudiantes. Pero la historia no sucedió como estaba planeada.

En aquellos primeros días tuve la fortuna de encontrar una excelente escuela de karate, dirigida por dos instructores maravillosos, John Weaver y Jack Lynch, los cuales hace mucho ya que se retiraron de la enseñanza. Me introdujeron en mi búsqueda de las artes marciales. Yo estaba muy comprometida con el karate y me tomaba aquel entrenamiento muy, muy en serio. Era joven y flexible, y bastante buena en la práctica de los puñetazos y patadas. También era bastante buena en el *kata*, una secuencia de movimientos establecidos que se practican rutinariamente. Pero donde fallaba, una y otra vez, era en la pelea. No me daba miedo luchar, ni tampoco que me dieran una paliza. Pero el resultado final era que cuando me las veía con oponentes más grandes y fuertes, casi siempre me abatían. Sus puñetazos eran más enérgicos. Sus patadas eran más potentes. Yo era más débil que ellos. No podía vencerlos. Mi eficiencia técnica no tenía nada que hacer frente a su mayor fuerza y tamaño. A pesar de lo duro que trabajaba y entrenaba, las herramientas que utilizaba no me estaban acercando nada a alcanzar mi objetivo de dominio autodefensivo. Después de que el Club de Karate Rising Sun cerrara sus puertas, entrené en otro par de escuelas de karate en la zona rural del condado de Lancaster, Pennsylvania, donde vivía.

Cuando fui a la universidad en Filadelfia, conocí al Sensei Randy Hutchins. Él me enseñó jiu-jitsu; más específicamente, jiu-jitsu Sho Bushido Ryu, un aiki-jiu-jitsu que enfatiza conceptos tales como desequilibrar al atacante y utilizar su energía en su contra. El karate que había estudiado era lineal, mientras que el jiu-jitsu es circular. El karate se define como el lanzamiento de una serie de ataques, mientras que el jiu-jitsu es fluido, con un principio y un final, pero sin pasos reales en el medio. Cada técnica es un movimiento.

El karate que yo estudié estaba basado en fuerza contra fuerza. El atacante viene con un golpe poderoso y tú lo bloqueas, e impartes tu propio golpe. Yo, cuando el adversario era mucho más fuerte, estaba en el lado perdedor más a menudo de lo que era aceptable. Así era sin importar cuánto entrenase. Intenté durante años que el modelo de fuerza contra fuerza me funcionase y fracasé. Es muy desalentador poner todas tus fuerzas en algo y no ver resultados comparables con el gran esfuerzo y compromiso que le pones. Pero mi experiencia con el jiu-jitsu fue muy diferente. No está basado en fuerza contra fuerza. Más bien, te mezclas con tu atacante, rompes su equilibrio, lo desorientas y lo vuelves sumiso. Y si eres bueno, se hace y se siente sin esfuerzo. Descubrí que esta clase de artes marciales se ajustaban mucho mejor a mí a la hora de prepararme para escenarios de autodefensa extremadamente desafiantes y lidiar con adversarios más fuertes y grandes. Pero era difícil. Los aspectos del karate en los que destacaba llegaron sin esfuerzo. Dejar esos principios para adoptar otros nuevos que eran diametralmente opuestos a los que conocía era intimidante e incómodo. Pero también marcó la diferencia.

Mi viaje por las artes marciales requirió tomar algunos cambios de rumbo serios e inesperados que hicieron que me cuestionase lo que sabía y comprendía. ¿De qué modo mi experiencia se relaciona con tu pequeña o mediana empresa? Del mismo modo, puede que necesites realizar algunos cambios dolorosos y abandonar algunas prácticas a las que estás muy apegado. Prácticas que probablemente des por garantizado como verdad. Necesitan ser cambiadas por un espíritu de flexibilidad, adaptabilidad y voluntad de expandirse — en algunos casos de una forma bastante radical—, para que esa innovación pueda florecer. Necesitas tener claros tus objetivos estratégicos y una visión profunda de tu organización y tus competidores, cosa que requiere una evaluación honesta de tu campo de batalla. Deja que Sun Tzu ilumine ese camino.

PARTE UNO

TOMA VENTAJA CON SUN TZU

Dentro del contexto de una vista general de Sun Tzu y *El arte de la guerra*, como se presenta en los dos primeros capítulos, explorarás las importantes ventajas y desventajas comunes de las pequeñas y medianas empresas. Serán factores recurrentes a lo largo del libro, bloques de construcción para conceptos más avanzados. Comprenderás el impacto de *El arte de la guerra* durante generaciones y aprenderás a usar *El arte de la guerra para la pequeña y mediana empresa*. Aprenderás acerca de mi metodología de traducción y recibirás algunas advertencias sobre cómo *no* estudiar a Sun Tzu, sin importar lo tentador que sea.

1

ACERCA DE SUN TZU Y *EL ARTE DE LA GUERRA*

Este capítulo abarca el trasfondo fundamental de Sun Tzu y *El arte de la guerra para la pequeña y mediana empresa*. Proporciona una comprensión del contexto histórico de alto nivel que sentará las bases para las lecciones que podrás aplicar a tu pequeña empresa.

ACERCA DE SUN TZU

Sun Tzu fue contemporáneo de Confucio. Se cree que vivió entre el 544 y el 496 A.C., cerca del final del periodo de las Primaveras y Otoños, durante unos tiempos tumultuosos en China. Durante este periodo de la débil dinastía Chou, China tenía más de 150 estados compitiendo constantemente por el poder. Estos estados batallaron entre sí hasta que solo quedaron los trece más grandes. De esos, siete tenían tropas y recursos mucho más superiores. Esta era estableció el escenario para el periodo de los Reinos Combatientes que siguió.[1]

Sun Tzu es el nombre que asociamos a *El arte de la guerra*. Su nombre real era Sun Wu. Nació en un clan noble con el apellido Chen. Estudiante de teoría militar, viajó hasta el estado de Wu cuando su poder militar estaba a punto de intensificarse. Impresionado con Sun Tzu, el rey de Wu le trajo a su redil para que encabezase la disciplina de la tropa y asistiese al general Wu Zixu a la hora de crear la estrategia del estado para su expansión.[2]

El rival principal de Wu era el estado de Chu. Como Chu era una superpotencia, el rey de Wu, el general Wu y Sun Tzu sabían que necesitaban concebir y ejecutar con cuidado una estrategia para derrotar a su fuerte adversario. Así que dividieron en tres su ejército y organizaron ataques sorpresa contra el poderoso Chu. Durante cinco años Wu usó esta estrategia. Funcionaba de esta manera: una división de Wu se aproximaba a Chu, y la superpotencia se mostraba. Entonces Wu se retiraba. Después, cuando Chu se retiraba, Wu irrumpía. Wu lo hizo durante cinco años, buscando agotar y perturbar a sus adversarios, con la esperanza de que ellos cometieran errores.[3] Funcionó. Chu sufrió grandes pérdidas. Entonces, en el sexto año, el 506 A.C., Wu lanzó un ataque decisivo, ganó las cinco batallas y tomó Ying, la capital de Chu.[4]

SOBRE *EL ARTE DE LA GUERRA*

Al ser el libro más temprano y más perdurable sobre estrategia,[5] y ciertamente uno de los trabajos más destacados para el campo de batalla, *El arte de la guerra* es la guía acreditada para asuntos militares y actividades políticas en el Lejano Oriente, y se ha convertido en un tratado destacado y muy estudiado sobre temas militares, políticos y empresariales en todo el mundo. Aunque *El arte de la guerra* es un texto corto y conciso de unas siete mil palabras, sus contenidos son incalculablemente densos y sus aplicaciones infinitas.

El arte de la guerra es lectura obligatoria en muchas escuelas de negocios e instituciones militares y una lectura esencial para líderes de negocios. No tenemos modo de saber simplemente cuántas fuerzas, a lo largo de los siglos, han puesto en práctica a Sun Tzu. La obra fue primeramente traducida al francés en 1772, y la primera traducción completa y anotada en inglés la publicó Lionel Giles en 1910. *El arte de la guerra* fue usado con considerable éxito por los norvietnamitas en la Guerra de Vietnam. Se dijo que fue aquella guerra la que atrajo la atención de los militares estadounidenses hacia Sun Tzu. El general Vo Nguyen Giap implementó exitosamente tácticas descritas en *El arte de la guerra* durante la Batalla de Dien Bien Phu, un punto de inflexión que puso fin a la importante implicación francesa. El general Vo, más tarde el autor intelectual detrás de algunas victorias sobre las fuerzas estadounidenses en Vietnam, era un ávido estudiante y practicante de las ideas de Sun Tzu. *El arte de la guerra* es bien citado como influencia para Mao Tse-tung y otros insurgentes comunistas. Dos generales estadounidenses, Norman Schwarzkopf y Colin Powell, pusieron en práctica a Sun Tzu durante la primera Guerra del Golfo.[6]

Pero es en el contexto empresarial donde Sun Tzu nos resulta a nosotros de mayor interés.

Sun Tzu se estudia en cursos de Maestría en Administración de Empresas en todo Estados Unidos y en corporaciones multinacionales. Las pequeñas y medianas empresas se benefician especialmente al usar este texto para comprender la guerra como una metáfora para el mundo empresarial. Hoy en día muchas compañías de todos los tamaños basan su crecimiento en principios tales como el desarrollo del ecosistema, las alianzas y redes estratégicas, las comunidades de usuarios transparentes y la innovación abierta. Estos conceptos pueden parecer, en un principio, contrarios a la estrategia militar. ¿Acaso no encajaría mejor Sun Tzu en el estilo de liderazgo dictatorial que estaba más de moda en las generaciones anteriores? Esa suposición demuestra una comprensión limitada del sabio. Y ciertamente esta manera de llevar los negocios es inadecuada para el modo colaborativo, abierto y dinámico en el que prosperan las pequeñas y medianas empresas hoy en día.

SUN TZU PARA PEQUEÑAS Y MEDIANAS EMPRESAS: ESTRATEGIA Y SERENDIPIA

Hay muchos libros que aplican Sun Tzu a los negocios, así como a otras actividades. Mi primera adaptación fue *Sun Tzu for Women: The Art of War for Winning in Business* [Sun Tzu para mujeres: el arte de la guerra para ganar en los negocios]. ¿Están siendo oportunistas los autores? Quizá sí. Pero yo solo puedo hablar por mí misma. Esta es la verdad. *Sun Tzu for Women* me cayó del cielo, por decirlo así. No era mi idea, sino una oportunidad que se me presentó y que, después de examinarla, resultó muy atractiva. Mientras estudiaba *El arte de la guerra*, esta vez con un enfoque renovado en sus implicaciones para las mujeres empresarias, vi esta aplicación. Pero eso no fue todo lo que vi.

Mientras escribía *Sun Tzu for Women* me llamaba a menudo la atención el modo en que sus principios podían amoldarse y construir pequeñas fuerzas en organizaciones poderosas. Pensé en todos los emprendedores, directores de pequeñas empresas y líderes con y para los que había trabajado a lo largo de los años. Antes de escribir este libro había releído *El arte de la guerra* poco después de cofundar una pequeña agencia, Q2 Marketing, que vendimos más adelante en 2011. En aquel momento mi perspectiva era como la de una nueva emprendedora entrando en un espacio enorme pero atestado. Lo estudié dentro de un contexto competitivo. Sin embargo, hoy lo leo de manera diferente. Lo veo a través de las lentes de una asesora de mercadeo y estrategia, y a través de los ojos de mis clientes. Creo que descubrirás que *El arte de la guerra* de Sun Tzu también tiene una profunda aplicación para tu pequeña o mediana empresa.

El arte de la guerra me ayudó a identificar y aprovechar las oportunidades, y eso me guió a crear condiciones favorables para la victoria. Puede ayudarte a tomar ventaja de cada oportunidad. Y como verás, equipar a una fuerza pequeña para sobreponerse a una mayor es un tema central de Sun Tzu.

2

EL PODER DE APLICAR *EL ARTE DE LA GUERRA* PARA LA PEQUEÑA Y MEDIANA EMPRESA

Llevamos nuestras perspectivas dondequiera que vayamos. Todo lo que decimos y hacemos es autobiográfico. Si quieres leer *El arte de la guerra* como un libro sobre ganar y mantener la paz, puedes hacerlo. Puedes leerlo como un libro sobre la agresividad. Llevo toda mi vida siendo una artista de las artes marciales, además de profesional de pequeñas empresas y el mercadeo, y una entusiasta de la historia. Respeto las «guerras justas» y a los soldados que luchan en ellas, y, como Sun Tzu, creo que la guerra es mejor cuando es lo inusual. Mientras sigo los asuntos políticos en el área internacional, entiendo la amenaza y la realidad de la guerra como una constante histórica. El débil es avasallado por el fuerte. Todo el mundo, en todas partes, se encuentra en un estado de competición.

Los negocios, también, en muchas maneras son como la guerra. Las pequeñas y medianas empresas que se esfuerzan en luchar según las reglas establecidas por las grandes corporaciones de la industria están destinados a la derrota o, al menos, a una espantosa carnicería. Pero *El arte de la guerra*, si se estudia con cuidado y se aplica bien, puede ser el manual del ganador para pequeñas y medianas empresas ambiciosas, innovadoras e inteligentes.

Puesto que Sun Tzu comprendía claramente de qué modo la estrategia puede superar a un adversario mucho más grande, poderoso y con mejores recursos, su consejo se ajusta sumamente bien a los líderes de pequeñas y medianas empresas que batallen con grandes oponentes. También se ajusta a pequeñas empresas en mercados competitivos que consisten en otros jugadores pequeños o de mediana estatura que estén buscando dominarlo. Thomas Huynh, autor de *The Art of War: Spirituality for Conflict* [El arte de la guerra: espiritualidad para el conflicto] y fundador de Sonshi, una herramienta educativa, entiende que el público previsto para el que Sun Tzu escribió su obra eran fuerzas más débiles. El sabio buscó enseñar a aquellos en posiciones de desventaja a que tomaran la posición ventajosa.[1] El autor del prólogo de su libro, Marc Benioff, director ejecutivo de Salesforce.com, de quien leerás más en estas páginas, lo confirma: «Fundamentalmente —escribe Benioff—, el libro demuestra de qué modo los ejércitos pequeños pueden derrotar a los grandes».[2]

Sun Tzu es un arquitecto de la gran estrategia. Los libros de negocios que ya existen sobre Sun Tzu no nos cuentan de qué modo los grandes jugadores usan la gran estrategia para convertirse en potencias comerciales. Nos cuentan cómo las grandes empresas se hicieron aún mayores, o los errores que cometieron que les hicieron caer. Por eso el objetivo aquí es poner en práctica una lección de Sun Tzu y llenar el vacío mostrando a los profesionales de pequeñas empresas cómo aprender de homólogos que han hecho crecer sus territorios basándose en las ilustraciones modernas de Sun Tzu. Tienes ante ti un nuevo concepto del mundo de los negocios, y su hora ha llegado.

SUN TZU PARA LA GUERRA DE LOS NEGOCIOS MODERNA

Los grandes anuncios y presupuestos promocionales ya no dictan la credibilidad de una compañía. Las pequeñas y medianas empresas inteligentes usan técnicas de mercadeo de guerrilla rentables para competir con los enormes presupuestos de sus rivales. Los anuncios de bajo presupuesto de las bebidas energéticas 5-Hour Energy fueron el hazmerreír de la industria publicitaria. Chobani utilizó un molde de recipiente extra grande y etiquetas brillantes que destacaban en la estantería de productos lácteos entre los otros yogures.[3] Cuando la Boston Beer Company empezó a expandirse más allá de Nueva Inglaterra, su fundador voló a Washington D.C. para vender su buque insignia, Samuel Adams, a los bares. Voló con tanta frecuencia que Presidential Airlines comenzó a vender Samuel Adams en sus aviones, e incluso llegó a conseguir que se imprimiera el nombre de la cerveza en la parte trasera de las fajas de los pasajes.[4]

Se necesita esta clase de innovación y de esfuerzo de recursos para destacar. Hoy en día puedes dirigirte cada vez más al consumidor de forma directa, con el costo más bajo de la historia. Cuando los clientes comparan productos, miran la presencia en Internet y en redes sociales. Comparan las clasificaciones positivas y negativas en la web, incluyendo tu número de seguidores en redes sociales y de qué modo ellos interactúan en tu página de Facebook. Humble Seed es una empresa emergente que proporciona variedades de semillas orgánicas de gran calidad. Adquirieron diez nuevas cuentas al por mayor por el volumen de su base de seguidores en Facebook, que actualmente se encuentra justo por debajo de 35.000. La compañía ahora compite con las marcas más grandes.[5]

Las pequeñas y medianas empresas no obtienen cuota de mercado luchando cara a cara con los adversarios grandes. Fíjate en el ejemplo de Felix Dennis, director ejecutivo de Dennis Publishing. Su firma batallaba contra la poderosa casa Ziff Davis en la industria editorial de la tecnología de consumo y la pelea fue amarga.

Dennis ganó, pero los costos fueron tremendos: dos años de beneficios para toda su empresa.[6] Sun Tzu habría considerado que este enfoque era un desperdicio colosal de dinero y recursos, y, en retrospectiva, Dennis está de acuerdo. Las pequeñas empresas que ganan lo hacen construyendo alianzas estratégicas, siendo más hábiles que los grandes, creando oportunidades, consiguiendo mejores resultados y tomando ventaja de cada oportunidad que tengan al alcance. Sun Tzu nunca ha sido más relevante para las pequeñas empresas que buscan aprovechar cada oportunidad.

VENTAJAS INICIALES DE LAS PEQUEÑAS EMPRESAS

La medida con la que un negocio entienda y haga uso de sus ventajas competitivas determinará su éxito. Aunque las pequeñas empresas que juegan en mercados competitivos a menudo se encuentran en una absoluta desventaja, colectivamente tienen fortalezas generales que deben reconocer y con las que deben jugar. Las ventajas más comunes de las compañías pequeñas frente a las grandes, independientemente de la industria en la que trabajen, están en esta lista. Estas ventajas se detallarán y se aplicarán con el telón de fondo de Sun Tzu en los próximos capítulos.

- Construcción de alianzas
- Agilidad y rapidez de movimientos
- Facilidad para llegar al consenso
- Ilusión y entusiasmo de nuevas y jóvenes compañías e ideas
- Flexibilidad en procesos y procedimientos
- Visión del mundo iconoclasta y buena disposición para enfrentarse a todos los contendientes
- Independencia
- Conocimiento íntimo de los clientes
- Innovación y creación de ideas

- Explotación del nicho
- Apertura a tomar riesgos
- Poder para lo inesperado
- Unidad de propósito y compromiso con la misión

DESVENTAJAS INICIALES DE LAS PEQUEÑAS EMPRESAS

A lo largo de mi carrera como consultora de mercadeo estratégico y comunicaciones, y al trabajar para agencias de publicidad, he dado apoyo a cientos de líderes de pequeñas empresas. Una y otra vez caen en los mismos patrones de los graves errores contra los que advierte Sun Tzu. Para los que tengan familiaridad con las paradojas de las pequeñas empresas, no es sorprendente que algunas de las desventajas de esta lista estén también en la lista de ventajas.

- Campo de trabajo competitivo con empleados que pueden ser absorbidos por compañías más grandes
- Entorno de trabajo y ventas competitivo, con compañeros que pueden dar lo mejor al líder de la industria
- Deseo de cerrar ventas, incluso en productos o servicios que no son lucrativos o que no forman parte de un plan a largo plazo
- Fracaso a la hora de consolidar beneficios debido a la falta de enfoque a largo plazo
- Miedo a destacar, a fijar una posición y ser «demasiado diferentes»
- Falta de propósito corporativo unificado
- Falta de estructura y jerarquía
- Menor flujo de efectivo
- Menor desarrollo de procesos y sistemas
- Liderazgo y dirección menos experimentados
- Recursos limitados

- Comprensión limitada/poco desarrollada del medio competitivo
- Toma de decisiones basada en suposiciones falsas aunque profundamente asentadas
- Riesgo real y percibido de hacer negocios con una empresa más pequeña
- Énfasis débil en la estrategia
- Prioridades que cambian continuamente con la búsqueda de oportunidades
- Poca presencia dentro de la industria y menos influencia

DESVENTAJAS DE LAS GRANDES EMPRESAS

Si miramos a las desventajas de las pequeñas y medianas empresas y les damos la vuelta, tendremos una buena perspectiva de las ventajas que poseen los grandes jugadores. Pero hagamos algo un poco menos desmoralizante y observemos dónde se quedan cortos los grandes jugadores normalmente. Estos problemas saldrán a la superficie y se explorarán a lo largo de *El arte de la guerra para la pequeña y mediana empresa.*

Limitada concentración en productos clave y clientes. Las grandes empresas que cotizan en bolsa están bajo una tremenda presión para mostrar los ingresos y el crecimiento de las ganancias todos y cada uno de los trimestres. El modo más eficaz de conseguir este crecimiento constante, trimestre a trimestre, es centrarse de manera más agresiva en las grandes oportunidades de sus principales mercados. Esto tiene la consecuencia natural de guiar a las grandes empresas a que tiendan hacia sus mayores productos, plataformas, canales y clientes. Para los competidores pequeños, esta situación presenta el potencial de poder atender las oportunidades menores con clientes que son menos atractivos para las grandes empresas.

Dificultad de adaptación. La ventaja de los tipos grandes está en las economías de escala y alcance que les permiten ofrecer costos más bajos mientras cosechan las recompensas de tener mejores márgenes. El costo de estas recompensas a menudo ha sido que la maquinaria detrás de estos productos y servicios sea un laberinto que incluye (o atrapa) a varias áreas de la compañía, tales como manufacturación, mercadeo, ventas, distribución y finanzas. Esta complejidad e interdependencia hace que el cambio sea difícil, caro y arriesgado.

Aversión al riesgo. Para las grandes compañías es mucho más difícil tolerar el riesgo que para las pequeñas. Simplemente, tienen mucho más que perder. Las grandes empresas se inclinan más a aceptar conceptos de bajo riesgo que nuevas ideas que impliquen un riesgo mayor. Sir James Dyson, que consiguió un éxito a gran escala a base de más de cinco mil «fracasos» en la búsqueda de la aspiradora sin bolsa, dijo: «Las grandes compañías tienden a no tomar riesgos, así que los emprendedores tienen una gran oportunidad de tomarlos y avanzar sobre sus competidores».[7] Las organizaciones más pequeñas que buscan superar a sus homólogos mucho más grandes tienden en mayor medida al fracaso.

Algunas empresas grandes, sin embargo, mantienen su énfasis en la innovación y están equipadas para tolerar el riesgo. Desde el primer momento Salesforce.com hizo uso de su menor tamaño para crear ventajas que permitieran que la empresa innovase de forma rápida e inteligente mientras seguía pasando desapercibido frente a los Goliat de su mercado. Salesforce tuvo éxito haciendo algo completamente nuevo en un mercado que ya existía, y haciéndolo de un modo que era muy difícil que otros copiasen.[8] Y como señala el experto en innovación Clayton Christensen, Salesforce continúa alimentando este espíritu de innovación, aunque la compañía ahora haya crecido hasta ser un jugador multimillonario.[9]

LAS PEQUEÑAS EMPRESAS NECESITAN A SUN TZU

Demasiadas pequeñas y medianas empresas parecen funcionar como si tuvieran poco o nada de enfoque estratégico. Cuando te acercas a muchas de esas organizaciones comprendes que a menudo es verdad lo que aparentan. Sacrifican la estrategia para hacer movimientos tácticos a corto plazo. Pero una estrategia ganadora no puede surgir de la aplicación semana tras semana, mes tras mes, de esos mismos métodos y esperanzas. La táctica es importantísima, pero si esos pasos no se realizan con el apoyo de una estrategia inteligente, no es más que un montón de actividad sin nada de progreso. ¿Suena eso a verdad en tu negocio a menudo? ¿Más que a menudo?

Tu compañía debe tener un plan estratégico realista que considere con precaución la realidad de tu mercado competitivo. Con ese plan en su lugar, cada departamento dentro de la organización deberá tener un plan estratégico y tácticas bien coordinadas que apoyen el objetivo final de la compañía. Todo lo que hagas debe ser diseñado para utilizar y hacer avanzar esa estrategia. Creo que todos sabemos eso en el fondo, pero no todos hacemos funcionar nuestros negocios como si supiéramos que es verdad. Si lo hiciéramos, la consultoría empresarial no sería una industria que genera miles de millones al año.[10]

LA METÁFORA DE LA GUERRA HOY

Obviamente, hay cosas que Sun Tzu haría de manera diferente hoy en el campo de batalla de los negocios que en su trasfondo literal de hace 2.500 años en una China en guerra. Él continuaría enfatizando el papel de la estrategia suprema a la hora de derrotar al «enemigo», o tal vez actualizaría el lenguaje para decir «competencia». Quizá. Mantendría su énfasis en la obtención de inteligencia, en tomar ventaja de las alianzas, en superar a la competencia, en tomar la mejor posición, en dividir y adelantar a un enemigo mayor, y nos recordaría las características necesarias para un líder efectivo. Pero también hablaría mucho sobre una circunscripción completamente nueva que no tenía relevancia para el lector militar de la antigüedad: el cliente. Este grupo será muy importante para nosotros mientras aplicamos estos principios.

CÓMO LEER *EL ARTE DE LA GUERRA PARA LA PEQUEÑA Y MEDIANA EMPRESA*

Este libro se compone de cuatro partes: 1) Toma ventaja con Sun Tzu; 2) Entender: Sun Tzu esencial; 3) Principios para el campo de batalla; y 4) Sun Tzu avanzado: estrategia para tu pequeña empresa. Dentro de estas secciones exploramos doce temas clave de *El arte de la guerra* que son explícitamente para líderes de pequeñas y medianas empresas y emprendedores. El objetivo es ayudarte a construir un negocio más fuerte, más duradero y con más éxito.

Hay muchas traducciones buenas y económicas de *El arte de la guerra*. Yo he confiado en gran parte en la popular traducción al inglés de Lionel Giles, que fue el primer trabajo completo del clásico en esta lengua. También he estudiado y comparado con detenimiento muchas otras traducciones creíbles, algunas un tanto divergentes, incluyendo las de Huynh, Griffith, Huang y la versión que Michaelson presentó en Beijing en un simposio de la Research Society of Sun Tzu's *Art of War*. A menos que se señale otra cosa, los extractos utilizados son de la traducción de Giles. Este trabajo está disponible para el público de forma gratuita.

Se ha escrito y dicho mucho acerca de Sun Tzu. Gran parte de esas cosas están en citas y pasajes que van de un lado a otro en Internet como la ropa usada de los hermanos mayores en una familia numerosa. Estas perlas de «sabiduría» se le atribuyen a él y a *El arte de la guerra*. Pero muchas de estas atribuciones son interpretaciones pobres y otras son declaraciones que, de ninguna manera, aparecen en *El arte de la guerra*. Ten cuidado con el Sun Tzu que emplees en tu negocio. Cíñete a las traducciones respetables y marcharás por el camino correcto.

Naturalmente, en el libro he optado por utilizar pronombres masculinos para referirme al general Sun Tzu y su ejército. Eso no debería ser sorprendente, puesto que el texto fue escrito del mismo modo. No permitas que eso reduzca la aplicación prevista para *El arte de la guerra para la pequeña y mediana empresa*.

Una nota más: algunos de los conceptos que compartiré serán repetitivos. Eso a veces me irrita como lectora de libros de negocios. Quiero que el autor explique la cuestión y siga adelante, y no que llene páginas con las mismas ideas. Sun Tzu escribió algunas conclusiones repetidas en su corto libro. Así que cuando veas expuesto de nuevo el mismo tema o lo encuentres en otro capítulo, hay una buena razón para ello. Y no es la de llenar páginas.

CINCO FACTORES CONSTANTES EN SUN TZU

El arte de la guerra empieza con la explicación de Sun Tzu de los cinco factores constantes. Es en esos factores, y en otros principios unificados, en los que baso los doce temas de este libro.

El arte de la guerra, pues, es gobernado por cinco factores

constantes, que deben ser tenidos en cuenta en las delibera-
ciones cuando se busque determinar las condiciones obtenidas
en el campo. Estos son: 1) la ley moral; 2) el cielo; 3) la tierra; 4)
el comandante; 5) el método y la disciplina.

Exploremos esos cinco factores:

1. La ley moral hace que la gente esté en completo acuerdo con su soberano, de tal modo que le seguirán sin importar sus vidas, imperturbables ante cualquier peligro. Thomas Huynh interpreta la ley moral como «el camino». La ley moral gobierna el carácter del líder, da forma al método y a la disciplina e impacta en el éxito. Sun Tzu dice más adelante acerca de la ley moral:

> *El líder consumado cultiva la ley moral, y se adhiere estricta-*
> *mente al método y a la disciplina; por lo tanto está en su poder*
> *controlar el éxito.*

Sin duda hay una moral y, creo yo, un elemento espiritual inten-
cionado aquí que se adherirá y se aplicará de acuerdo con el sistema
de creencias de cada lector. También podemos tomar la ley moral
para aplicarla a la unidad del propósito que una pequeña empresa
necesita para servir a sus clientes y empleados con distinción.

2. El cielo significa noche y día, frío y calor, tiempos y estaciones. Según Griffith, en este verso el carácter chino T'ien (cielo) se usa para referirse a «clima». La aplicación para ti es el tiempo necesario para las maniobras, entre las consideraciones de los factores del mercado y las condiciones que lo influyen.[11]

3. La tierra comprende las distancias, grandes y pequeñas; peligro y seguridad; campo abierto y pasajes estrechos; las oportunidades para la vida y la muerte. Esta declaración refleja la importancia de maniobrar con eficacia y conocer las ventajas y desventajas de los diferentes tipos de terrenos.

4. El comandante simboliza las virtudes de la sabiduría, la sinceridad, la benevolencia, el coraje y la firmeza. Una imagen global del general de Sun Tzu se encuentra en el capítulo 7, «Encarna al general».

5. Método y disciplina deben ser entendidos como el conductor del ejército y de sus propias subdivisiones, las graduaciones de rango entre los oficiales, el mantenimiento de los caminos por los que deben llegar los suministros al ejército y el control de los gastos militares. Disciplina, estructura y organización son primordiales para Sun Tzu.

De estos cinco factores, Sun Tzu dice:

> ... El que los conozca saldrá victorioso; el que no los conozca fracasará.

Profundicemos ahora un poco más en *El arte de la guerra* de Sun Tzu y en cómo puede ayudarte a dominar tu mercado. Comenzaremos echando un vistazo a los consejos esenciales del filósofo-general para comprenderlos, empezando con tu organización y extendiéndonos a todas las audiencias que sean relevantes para tu éxito.

PARTE DOS

ENTENDER: SUN TZU ESENCIAL

Los próximos cuatro capítulos contienen algunos de los pasajes más citados que son los bloques de construcción esenciales de *El arte de la guerra*. Los capítulos de la parte dos te guiarán hacia lo que Sun Tzu indica sobre la importancia de desarrollar una comprensión completa, sincera e inflexible de ti mismo y tu empresa, tu enemigo, tu mercado y tus ventajas: clientes, empleados y socios. Este material es fundamental, pero no hay que confundir eso con fácil. Estas ideas deben ser estudiadas con detenimiento. Si eludes estas directivas, lo harás bajo cuenta y riesgo de tu empresa.

Probablemente casi todos los líderes empresariales estarían de acuerdo en que comprender estos factores es sumamente juicioso. Pero aplicarlos es una cuestión completamente diferente. Los líderes de pequeñas y medianas empresas tienden a hacer suposiciones acerca de lo que creen que es verdad en el mercado, en sus empresas, sus productos, sus competidores y su gente. Están seguros de que saben por qué sus clientes les compran, y de qué modo sus productos suplen a la perfección las necesidades de sus clientes. Si no pueden ver más allá de sus suposiciones, falsas a menudo, no estarán preparados para las batallas que les esperan. Serán vulnerables ante competidores que se toman en serio la carga de comprender de verdad a su organización, a su mercado y a sus clientes.

Piensa con detenimiento este pasaje imperativo mientras nos preparamos para explorar esta sección:

> *Si conoces al enemigo y te conoces a ti mismo, no tienes que temer el resultado de cien batallas. Si te conoces a ti mismo pero no al enemigo, por cada victoria que obtengas también sufrirás una derrota. Si no conoces ni al enemigo ni a ti mismo, sucumbirás en cada batalla.*

3
ENTENDERTE A TI MISMO

Un conocimiento del ejército completo y factible es fundamental para Sun Tzu. De manera similar, nunca podrás actuar con eficacia en la comprensión de tu enemigo o tu mercado sin una comprensión pormenorizada de tu organización. Si no puedes evaluar con sinceridad dónde eres fuerte y dónde débil, cualquier victoria que consigas será fugaz.

HONESTIDAD DESCARNADA: SUPERAR FALSAS SUPOSICIONES

Las falsas suposiciones son la perpetua plaga común de algunos líderes de pequeñas empresas. Si los que suponen no tienen cuidado, escucharán y repetirán como loros los mismos eslóganes una y otra vez y le transmitirán esas ideas desacertadas a todo el equipo. Este camino lleva a promover un liderazgo aislado de los hechos reales del mercado al permitir que la gente continúe sacando conclusiones equivocadas. He visto a muchas pequeñas empresas malinterpretar completamente su mercado porque no querían creer que sus productos o servicios estaban errando el blanco, o no querían hacer las inversiones necesarias para las correcciones de curso, o simplemente no ofrecían la innovación ni la diferenciación que pensaban que ofrecían.

Contrasta siempre las creencias acerca de tu negocio y de su rendimiento con los datos del mundo real, y cuando ambos sean incompatibles, presta atención.

LOS CINCO ESENCIALES DE SUN TZU PARA LA VICTORIA

Sun Tzu dijo que hay cinco conceptos para ganar. Cada uno de ellos tiene en su haber la comprensión del ejército de parte del general.

1. *Ganará aquel que sepa cuándo luchar y cuándo no luchar.*
   Este concepto se tratará en el capítulo 8, «Perseverancia».

2. *Ganará aquel que sepa cómo manejar las fuerzas tanto superiores como inferiores.*
   Este concepto también se traduce popularmente como «fuerzas grandes y pequeñas».

3. *Ganará aquel cuyo ejército esté animado por el mismo espíritu en todos sus rangos.*
   Esta idea de unidad en todos los rangos se explicará en el capítulo 10.

4. *Ganará aquel que, habiéndose preparado, espere tomar a un enemigo desprevenido.*
   Sun Tzu aconseja escoger el momento adecuado y pillar a tus adversarios cuando no estén preparados. Pero esa estrategia no puede optimizarse si el liderazgo no está preparado para maximizar esa oportunidad.

5. *Ganará aquel que tenga capacidad militar y no sea interferido por el soberano.*

Este último requisito es múltiple. Los líderes fuertes se atienen a sus principios y quieren el bien de la organización. El general Sun Tzu debía tener un ejército capacitado, sin el estorbo de la burocracia, para que pudiera tomar decisiones. Los líderes deben regirse por principios y actuar para el bien mayor de la organización. Sin embargo, no pueden tomar las mejores decisiones diarias ni a largo plazo para esa organización a menos que su conocimiento de ella sea profundo.

Sun Tzu continúa con estos esenciales con este «así que»:

Por lo tanto: si conoces al enemigo y te conoces a ti mismo, no tienes que temer el resultado de cien batallas. Si te conoces a ti mismo pero no al enemigo, por cada victoria que obtengas también sufrirás una derrota. Si no conoces ni al enemigo ni a ti mismo, sucumbirás en cada batalla.

¡CERA DE PISO Y COBERTURA DE POSTRE!

Es importantísimo comprender lo que es y lo que hace tu organización, así como lo que no es y lo que no hace. La trampa del «todo para todos» puede ser una barrera para comprender y definir con claridad las ofertas de una organización. Por el miedo a perder una venta, los líderes de pequeñas y medianas empresas pueden no estar dispuestos a plantarse y decir: «Nosotros vendemos el producto o servicio X para este mercado». Esa valiente declaración no solo define qué vendes y a quién; con la misma importancia, define lo que no vendes y a quién no se lo vendes. Esta declaración requiere una apreciación de soluciones y mercados que son provechosos, y de aquellos que no lo son.

Yo trabajé con una compañía consultora que se centraba en el sector federal. Los propietarios y líderes habían construido una saludable mediana empresa, pero se daban cuenta de que tenían un problema. Hacían crecer la empresa basándose en un cliente. La miríada de necesidades de aquel cliente les mantenía alejados de su foco primordial, enfrascados en líneas de empresa tangenciales. Si estás intentando hacer crecer tu empresa, puede que veas que es un lindo problema para tener. Y así era, hasta cierto punto. La cuestión era que se daban cuenta de que habían virado hacia lugares donde no querían estar realmente, y eso no estaba sirviendo para hacer crecer la compañía de forma estratégica. Los contratos cada vez consistían más en soluciones que requerían poca pericia y escasos márgenes y que no se podían repetir con facilidad para otros clientes. Mientras tanto, tenían una plantilla de trabajadores muy cualificados que cada vez estaba más frustrada, así que esta tendencia era el doble de dañina. Para combatir esta predisposición a mirar el valor del contrato a corto plazo y simplemente decir que «sí» al cliente sin pensar en el impacto a largo plazo para la organización, los líderes de esta empresa emprendieron una importante reestructuración para expandirse a otras áreas.

En otro ejemplo común, una pequeña empresa con el que trabajé proyectaba una amplia red con la intención de no perderse ninguna oportunidad. Eso suena bien, pero no todo lo que desfila por delante de uno como oportunidad lo es realmente. Y a veces deberías ser capaz de decir con bastante facilidad que algunas carrozas no deberían tener permitido acercarse ni un poco a ese desfile. Esta compañía tenía como objetivo hospitales medianos y grandes y centros de atención médica. La compañía tenía un concepto excelente, pero el foco de atención del presidente cambiaba según soplaba el viento. En vez de decir educadamente a los pequeños centros, incluyendo a los muy pequeños, que no encajaban en las soluciones de la compañía ni en sus precios de venta al público, elegían reunir su información y añadirla a los futuros proyectos con la promesa ilusoria de que «ya hay en camino una solución para tu mercado». En realidad, la organización no era capaz de cumplir con los clientes de mayor rango que había fichado, a los cuales había dedicado decenas de miles de horas de desarrollo. No tenía la infraestructura para proveer ventas y servicios a una base de clientes muy diversa, particularmente a una que no sería muy rentable.

Los grandes hipermercados puede que sean capaces de tener algo casi para todo el mundo, pero las pequeñas empresas no pueden, e intentar hacerlo solo confundirá la misión y el mensaje de la organización, y añadirá capas de complejidad. Y la complejidad mata las ventas. Las ideas son baratas. Resiste la tentación de comenzar con un producto de cera para el piso, pero después imaginar la oportunidad de convertir ese mismo producto en cobertura de postre, u ofrecerlo todo bajo la misma confusa publicidad. Es tentador caer en la trampa de tratar de ser todas las cosas para todo el mundo, con la intención de no perder ninguna oportunidad. Pero las pequeñas empresas tienen que recordar que no todo es una «oportunidad» si no encaja dentro de los objetivos y propósitos de tu organización.

COMPENSAR LA DEBILIDAD CON LA FORTALEZA

Esta idea un tanto oscura de Sun Tzu habla de la adaptabilidad a las amenazas.

> El estratega habilidoso debe parecerse al shuai-jan. Ahora bien, el shuai-jan es una serpiente que se encuentra en las montañas Chung. Golpea su cabeza y serás atacado por su cola; golpea su cola y serás atacado por su cabeza; golpea su mitad, y serás atacado por la cabeza y la cola.

Un precursor de ser capaz de adaptarse es la conciencia de las fortalezas y debilidades de tu organización. La formación multidisciplinar y la unidad ayudarán a que tu negocio supere amenazas y pueda seguir adelante.

El cofundador de Atari Nolan Bushnell comprendió la necesidad básica de tener un equipo equilibrado y formado en múltiples disciplinas. No estaba satisfecho de que su equipo, compuesto en gran medida por ingenieros de *business-to-business*, no tuviera un conocimiento sustancial de las necesidades de sus clientes. La solución no estaba en un seminario o unas sesiones de formación. Bushnell envió a los ingenieros a las trincheras.

Quería que compartieran las experiencias tanto de los clientes como de los distribuidores. Con tal fin, a los ingenieros de Atari se les dio la responsabilidad de ejecutar juegos en localizaciones de prueba, con responsabilidades de ganancias y pérdidas, igual que los distribuidores. Aprendieron a identificar problemas y defectos antes de que afectaran a clientes o distribuidores. Esta experiencia también les dio una valiosa perspectiva temprana acerca de qué juegos tendrían más éxito. Atari incluso envió a sus ingenieros a que rotasen en la cadena de montaje, para que pudieran diseñar productos que pudieran manufacturarse con mayor facilidad.

Al desarrollar una mejor comprensión de las piezas importantes del puzle —en este caso clientes, fabricantes y distribuidores—, Bushnell fortaleció la organización y compensó los puntos débiles.[1]

Solo al evaluar y comprender honestamente tus debilidades te posicionarás para superarlas.

COMPRENDER BIEN LO BÁSICO

Hay algunas áreas problemáticas, basadas en falsas suposiciones, que los líderes de pequeñas y medianas empresas deben aprender a reconocer. Los pasos en falso en estas áreas al final causan serios problemas.

Instinto y validación

Soy una gran creyente en confiar en tu instinto y poner tu intuición en acción por el bien de tu carrera o negocio. Tener el instinto bien desarrollado es muy importante para muchos emprendedores e innovadores. Pero puede que no sea suficiente. La validación de la industria, no solo de tu concepto sino también de cómo planeas ponerlo en marcha, puede ayudarte a confirmar tu instinto y asegurar que tu concepto está bien desarrollado. Es común que los emprendedores se agarren a un concepto fallido porque sea su criatura, incluso después de que los datos y la experiencia profesional les muestren que no es viable. Ese no es el final del camino (como veremos en el capítulo 12, «Adaptación»), pero será una marcha fúnebre si el liderazgo no gira.

Plan de negocios vago

Las empresas dinámicas y exitosas tienen objetivos unificados y con propósito. Las empresas con menos éxito tienen descripciones vagas de sus soluciones y falta de cualquier diferenciación. Si tu negocio está buscando financiación, tienes que mostrar la profundidad de tu conocimiento del plan de negocios, incluyendo una proyección de mercado fiable y una comprensión del paisaje competitivo. Si no puedes articular tu plan, tendrás grandes problemas.

Pobre comprensión del mercado

Ten cuidado con los líderes de pequeñas y medianas empresas que alardean de que no tienen competidores. No puedes vender y comerciar contra otros jugadores a menos que comprendas plenamente qué están vendiendo, cómo lo comunican y a quién se lo están ofreciendo.

Un modelo roto

Las pequeñas empresas necesitan comprender sus modelos de ingresos y beneficios para que sepan si su modelo es sostenible o si quedará en nada antes de despegar. Del mismo modo, tus precios deben estar en línea con los del mercado para que eso te proporcione un beneficio. ¿Funciona bien tu modelo de trabajo? ¿De verdad?

CONOCE Y HAZ USO DE TUS EMPLEADOS

Algo fundamental para conocer a tu organización es comprender y hacer uso de la poderosa fuerza para el dominio del mercado que es tu base de empleados. La visión de Sun Tzu de cómo debían ser tratados y liderados los soldados es muy relevante para dirigir empleados y equipos. Identificar, contratar y cultivar el talento es incluso más importante para las pequeñas empresas, donde todos los miembros del equipo hacen una contribución exponencialmente mayor al conjunto de la organización que sus homólogos de una gran empresa. Contratar y mantener a un mal vendedor, por ejemplo, hace daño a las pequeñas empresas. Pero contratar y mantener a profesionales de venta de bajo rendimiento paraliza a las compañías pequeñas. Y aun así, pasa todo el tiempo. Sun Tzu proporciona una excelente guía sobre la importancia del cuidado apropiado del ejército, así como de la ubicación de todo el personal de tal modo que puedan ser eminentemente eficaces. Las pequeñas empresas deberían aplicar estos conceptos a sus equipos.

Organización y cadena de mando

El orden y una cadena de mando son esenciales en los conceptos de Sun Tzu.

Método y disciplina deben ser entendidos como el conductor del ejército y de sus propias subdivisiones, las graduaciones de rango entre los oficiales, el mantenimiento de los caminos por los que deben llegar los suministros al ejército y el control de los gastos militares.

Sin una clara comprensión de los procesos y la estructura de aprobación mediante la cual se hacen las cosas, las organizaciones pondrán en marcha sus mecanismos de forma ineficiente, duplicarán esfuerzos y crearan líneas ineficaces de comunicación. Esto es particularmente doloroso de ver en pequeñas organizaciones, donde la comunicación debe ser más directa y la salvaguarda de recursos es la esencia.

Sun Tzu describe más a fondo uno de los modos en que un mando puede traer la desgracia a su ejército.

Al emplear a los oficiales de su ejército sin discriminación, por ignorancia del principio militar de adaptación a las circunstancias. Esto anula la confianza de los soldados.

Los recursos humanos deben aprovecharse de una forma apropiada y más eficaz, aunque puedan adaptarse a necesidades específicas cuando sea necesario. Si no se utiliza a la gente óptimamente, su confianza en el liderazgo se verá debilitada y crecerá su frustración. Es esencial que comprendas cuál es la mejor manera de despertar los atributos de tu gente y comprender completamente sus fortalezas.

Contrata los que actúan, no los que deliberan

Los pequeños negocios necesitan a gente que pueda actuar con decisión y hacer que las cosas se hagan.

Si la campaña se prolonga excesivamente, los recursos del Estado no serán iguales a la presión.

Es esencial diseñar y ejecutar con precaución la estrategia. Aunque la paciencia y la planificación son importantes, cuando se trata de tiempo para actuar, las pequeñas empresas necesitan a gente que sean realizadores probados y capaces, y que entrarán en acción en vez de pedir retrasos innecesarios o dar excusas para no cumplir lo prometido.

Movilizar equipos fuertes

El énfasis de Sun Tzu no solo está en tener las tropas adecuadas, sino en hacer uso de ellas con el máximo impacto, especialmente cuando más importa.

> El combatiente inteligente busca el efecto de la energía combinada y no requiere demasiado de los individuos. De ahí su habilidad para escoger a los hombres correctos y utilizar energía combinada. Cuando utiliza energía combinada, sus luchadores se convierten como en troncos rodantes o piedras. Porque es la naturaleza de un tronco o de una piedra permanecer inmóvil al nivel del suelo y moverse cuando está en una pendiente; si tiene cuatro esquinas, quedarse estancado, pero si tiene forma redonda, rodar cuesta abajo. Por lo tanto la energía desarrollada por buenos luchadores es como el impulso de un canto rodado rodando montaña abajo desde centenares de metro de altura.

El poder de la gente adecuada, moviéndose a la vez en la dirección correcta, siguiendo a los líderes adecuados, no puede exagerarse. Este es uno de mis pasajes favoritos de *El arte de la guerra para la pequeña y mediana empresa,* porque subraya el poder exponencial de la gente excelente cuando se la lidera bien.

Los equipos no pueden ser fuertes a menos que sean leales. Zappos, la tienda de ropa y zapatos en Internet con la extraordinaria marca que se incluye casi en cada conversación cuando se trata de una atención al cliente excepcional, es una historia de éxito bien conocida. En 2009 Amazon.com se hizo con todas las acciones de Zappos por 1.200 millones de dólares. La comunidad de Zappos, que incluye a sus empleados, es la fuerza central detrás de ese elevado precio. Zappos es famoso por su política de pagar a los nuevos empleados... para que renuncien. Cuando los nuevos contratados llevan cerca de una semana de formación, la compañía les ofrece 2.000 dólares extra, además de una compensación por el tiempo trabajado. Todo lo que tienen que hacer es renunciar. Así es como Zappos ha construido un equipo comprometido, leal y de alto rendimiento que expande ese mismo espíritu a la base de clientes.[2] Entre el dos y el tres por ciento de todos los que serían nuevos empleados aceptan la oferta, según la página corporativa de Zappos.[3] Piensa en ello: 2.000 dólares es un precio pequeño a pagar para liberar a tu compañía de un empleado que no rinda.

Del mismo modo, Jim Koch, el creador de Samuel Adams, siempre busca subir la media con la gente que contrata la Boston Beer Company. Lo han conseguido haciendo un perfil del empleado exitoso y desarrollando preguntas para la entrevista que determinen si un candidato tiene la misma motivación y las cualidades conductuales que le ayudarán a subir la media.[4]

Consideración de tu gente

Este pasaje subraya la responsabilidad del líder de demostrar cuidado y preocupación por su gente:

> Si tienes cuidado de tus hombres, y acampas en suelo duro, el ejército será libre de toda clase de enfermedad y eso representará la victoria.

Este cuidado se extiende más allá de unas palabras bonitas. Debe traducirse en acciones del líder. Observa que el objetivo sigue fijo en ganar, y el sabio mayordomo de su gente reconoce que ser cuidadoso de sus hombres es un medio necesario para ese fin. Esta lección es especialmente importante para las pequeñas empresas porque una gran movilidad en el personal es cara e interrumpe su habilidad para innovar y satisfacer las demandas de los clientes. Y el coste de que tus mejores personas se vayan a tu competidor es todavía mayor.

Construyendo incentivos

Sun Tzu valora claramente a sus tropas y tiene cuidado de motivar e incentivarlas. Acerca de la recompensa a las tropas dice:

> En la lucha de carros, cuando hayan sido tomados diez o más carros, deben ser recompensados los que tomaron el primero.
> A esto se le dice usar al adversario conquistado para aumentar la propia fuerza.

Para los líderes de pequeñas y medianas empresas del siglo XXI, esta idea no trata tanto de lucha de carros como de recompensar a tu gente por actuar con rapidez, éxito y excepcionalidad. Este modus operandi se aplica a todo tipo de negocios. Five Guys recompensa con bonificaciones en efectivo a los equipos que consiguen la puntuación más alta en las auditorías semanales de los restaurantes. Estas auditorías inesperadas evalúan la limpieza de los baños, la amabilidad, la preparación de la comida y la seguridad del equipamiento de la cocina. Una buena puntuación les hace ganar mil dólares, a repartir entre las cinco o seis personas del equipo. En uno de los últimos años, Five Guys recompensó con más de once millones de dólares a los empleados por su rendimiento.[5]

> Cuando saqueas un campo, que el espolio se divida entre tus hombres; cuando capturas un nuevo territorio, divídelo en parcelas para el beneficio de los soldados.

Sun Tzu te anima a compartir los frutos del trabajo de tu empresa, incluyendo la oportunidad que brinda capturar un nuevo territorio. Para una empresa en crecimiento que necesita seguir reinvirtiendo en la compañía, los incentivos como acciones y bonos basados en el rendimiento permiten que recompenses a los hombres y mujeres, como aconseja Sun Tzu, sin poner ninguna carga indebida en la compañía.

No exageres

Las pequeñas empresas que tienen éxito lo hacen debido a que sus equipos se conducen y trabajan con mucha intensidad e inteligencia. Pero Sun Tzu advierte contra sobrecargar a tu gente y castigarlos:

> ... hacer marchas forzadas sin parar día ni noche, cubriendo el doble de la distancia habitual de una vez.

Pedirles demasiado hará que tus divisiones caigan en las manos del enemigo, impedirá que la mayoría de tu ejército llegue a su destino y causará la caída de los líderes.

> Estudia con cuidado el bienestar de tus hombres, y no los sobrecargues de tareas. Concentra tu energía y atesora tus fuerzas. Mantén a tu ejército continuamente en movimiento y elabora planes insondables.

Las organizaciones pequeñas conocen la importancia de permanecer en movimiento. Las más innovadoras son fuentes de un impulso y una creatividad constantes. Por esta razón, debes gestionar bien tu fuerza y tus recursos de tal modo que puedas concentrar la energía cuando sea necesaria. Esto requiere que estés en sintonía con las capacidades y limitaciones de toda tu gente. Cuanto mejor conozcan tus líderes a su gente y sus limitaciones, más capaces serán de reconocer cuándo se les coloca una carga indebida, para que siempre puedan sacar lo mejor de sí mismos.

No hagas menos

En el capítulo 7 exploraremos los cinco peligrosos fallos que pueden afectar a un general. El quinto es *pedir demasiado a sus hombres, lo que les expondrá a la preocupación y al conflicto.*

Los líderes de pequeñas y medianas empresas pueden exhibir rasgos de estar excesivamente preocupados con la felicidad de su gente. Esta tendencia puede llevarlos a tomar decisiones basadas en gran medida en lo que su gente piensa y siente, a expensas de lo que va en verdadero beneficio de la organización. Para Sun Tzu, y para ti, ningún extremo —castigar a tu gente a marchas forzadas o estar excesivamente preocupado por su bienestar— es constructivo.

Aplicación de disciplina

No es sorprendente que gran parte de las siete consideraciones de Sun Tzu para pronosticar la victoria estén centradas en las fuerzas militares:

1. *¿Cuál de los dos soberanos está imbuido de la ley moral?*
2. *¿Cuál de los dos generales tiene mayor talento?*
3. *¿En quién recaen las ventajas derivadas del Cielo y la Tierra?*
4. *¿En qué lado se aplica la disciplina con más rigor?*
5. *¿Qué ejército es más fuerte?*
6. *¿En qué bando hay oficiales y hombres mejor entrenados?*

7. ¿En qué ejército hay mayor constancia tanto en la recompensa como en el castigo?

Los generales talentosos y con altas cualidades y fuertes ejércitos son importantísimos. De igual modo es la rigurosa aplicación de la disciplina, o las consecuencias. La idea de orden, recompensa y castigo es tan importante para Sun Tzu como el carácter del soberano, el talento del general y la fuerza del ejército. La disciplina, la coherencia y una clara comunicación sobre las expectativas son fundamentales, pero se pueden dar por hechas por los líderes de pequeñas empresas. Un impactante número de pequeñas empresas propaga una cultura de entregas tardías, un liderazgo que divaga, insubordinación y negatividad. Un líder fuerte requerirá coherencia y dejará claras las expectativas.

Sun Tzu da un consejo sobre cómo un nuevo líder puede incorporar la disciplina en una organización.

Si los soldados son castigados antes de haberse unido a ti, no van a probar ser sumisos y, a menos que sean sumisos, serán prácticamente inútiles. Si, cuando los soldados se hayan unido a ti, no se aplican castigos, aun así serán inútiles.

La idea es repartir las reprimendas apropiadamente, y solo a tu gente una vez que hayan forjado una conexión contigo, no de inmediato solo para hacer una declaración. Por el contrario, si no tienes voluntad de aplicar las consecuencias una vez que tu gente haya identificado tu liderazgo, no te serán bienes activos.

La coherencia es importante

Es esencial ofrecer una comunicación clara y coherente que se aplique en toda la organización.

Si un general muestra confianza en sus hombres pero siempre insiste en que sus órdenes deben ser obedecidas, la ganancia será mutua.

FIVE GUYS

Vivo en el norte de Virginia, a las afueras de Washington D.C. Recuerdo cuando teníamos uno o dos restaurantes de Five Guys en la localidad. Ahora están por todas partes. La historia de Five Guys es la de hacer lo que haces bien, permanecer en tus carriles de alimentación y ofrecer una experiencia coherente de atención al cliente. (Por eso aprenderás más acerca de Five Guys y cómo pondrían orgulloso a Sun Tzu en el capítulo 9, «Enfoque»).

Five Guys es la cadena de restaurantes que más ha crecido en Estados Unidos, doblando el número de tiendas desde 2009. Con unos ingresos de más de mil millones de dólares en 2012, Five Guys juega en la categoría de «mejor hamburguesa» con productos en el rango de ocho dólares. Este segmento de más de dos mil millones, del que Five Guys posee casi la mitad, continúa creciendo. No es sorprendente que la gran categoría de cuarenta mil millones de dólares de las hamburguesas de comida rápida en Estados Unidos esté dominada por McDonald's, Burger King y Wendy's.[6]

Five Guys se ha diferenciado de una manera interesante e importante. Su fundador, Jerry Murrell, no inventó la cadena de «la mejor hamburguesa», pero sus restaurantes han estado acariciando esta categoría de mercado desde mediados de la última década. La categoría incluye In-N-Out Burger, Fuddruckers (la primera hamburguesa de la que se enamoró mi marido) y los recién llegados Smashburger y Shake Shack. Danny Meyer, el restaurador neoyorkino detrás de Shake Shack dice que él no ve Five Guys como un competidor porque «una marea creciente levanta a todas las hamburguesas». Probando que hay espacio para que otros jueguen en el parque, Meyer incluso habló en la convención de franquicias de Five Guys en 2009.[7]

Si Meyer tiene los mimos y cariños de Five Guys, los gigantes de la comida rápida no. Five Guys no puede competir con el precio de las hamburguesas de menor calidad. En vez de eso, McDonald's y Burger King se han movido hacia versiones de sus «mejores hamburguesas», introduciendo opciones de alta calidad de carne de Angus.[8]

Hablando de calidad, «el control de calidad» es lo que Murrell dice que es la «magia» de Five Guys. Los restaurantes no utilizan ningún producto congelado: en absoluto. Cada hamburguesa se hace a petición, y los clientes pueden elegir entre diecisiete aderezos diferentes. No sirven pedidos desde el coche porque la espera sería muy larga. Los restaurantes solían tener un cartel que decía: «Si tienes prisa, hay muchos otros lugares con buenas hamburguesas no muy lejos de aquí». Lo que quieren decir es: esta hamburguesa se merece que bajes del coche y esperes. Y, obviamente, los clientes están de acuerdo.[9]

Los restaurantes de Five Guys les prestan mucha atención a los detalles con sus hamburguesas, y lo mismo es cierto a su selección de patatas y a su negativa de utilizar «algo congelado» en cualquier restaurante, incluyendo los batidos. No entregan a domicilio, tampoco. Murrell le contó a la revista *Inc.* de una llamada que recibió personalmente de un almirante del Pentágono. Todo el mundo entrega comida en el Pentágono, le dijo el almirante. Murrell no cedió, sino que colgó un cartel en el frente de aquella tienda que decía: «POR SUPUESTO QUE NO REPARTIMOS A DOMICILIO». Los negocios del Pentágono han sido fuertes, dice Murrell.[10]

Mientras que muchas cadenas de comida rápida han tenido relaciones transaccionales con personas, Murrell sabe que el valor de su negocio está en los clientes, los empleados y los proveedores. Five Guys nunca ha tenido problemas legales con las franquicias. Él atribuye este historial, en parte, a las reuniones trimestrales de la comisión de franquicias independientes. Han contado con gran parte de los mismos vendedores desde 1986 debido a su compromiso con la calidad y una experiencia del cliente coherente, no porque los costes bajos sean una prioridad. También ofrecen incentivos a los empleados por su servicio excepcional."[11]

Five Guys ha hecho su jugada a la competencia frente a los gigantes de la comida rápida contratando a algunos de sus competidores. Un antiguo ejecutivo de Checkers encabeza la construcción de nuevas tiendas, y un antiguo franquiciado de Burger King dirige ahora las doscientas tiendas que controla la compañía. Pero conocer al enemigo vale para poco si no comprendes y aprovechas tus propias fortalezas y activos.

Para poder hacer unas pocas cosas muy, muy bien, Murrell ha tenido éxito averiguando lo que los otros jugadores no estaban haciendo, o no estaban haciendo bien, y rellenando un hueco extremadamente lucrativo.

———

SAMUEL ADAMS

Igual que el patriota del que toma nombre su cerveza insignia, Jim Koch, creador de la Boston Beer Company, ha hecho algo bastante revolucionario. Ha creado un producto de alta calidad en un espacio extremadamente competitivo, y lo ha hecho omnipresente al consumidor. Pero meter su cerveza en los vasos de los clientes no ha sido fácil.

En 1985, cuando Koch comenzó a distribuir su espumosa creación, los estadounidenses pensaban que las únicas cervezas de calidad eran las importadas. Mientras que algunos clientes hubieran pagado más por una Heineken o una Beck's, no están muy dispuestos a dejarse el dinero por una cerveza estadounidense de calidad. Pero esa resistencia fue el origen para un emocionante nuevo nicho de mercado. Samuel Adams es visto como un lujo asequible mientras el mercado cervecero, y el paladar del consumidor, continúa evolucionando.[12]

En los días anteriores a la revolución, la Boston Beer Company no era capaz de conseguir que ningún distribuidor local de Boston ofreciera su bebida. Así que Koch alquiló un camión y la entregó de bar en bar. En cada bar les evangelizaba acerca de la elaboración y los ingredientes de calidad, y animaba a los compradores potenciales a probarla. Este método de bar en bar funcionó, mientras la marca de Sam Adams continuaba esparciendo las semillas de la revolución por toda Nueva Inglaterra y hasta Washington D.C.[13]

Como Jerry Murrell de Five Guys, Koch siempre supo lo que le estaba ofreciendo al mercado. Era una cerveza norteamericana nueva y sabrosa. Seis semanas después de que saliese la Samuel Adams Boston Lager, la compañía ganó el título de «mejor cerveza de Estados Unidos» en el Great American Beer Festival. Koch también comprendió en qué lugar encajaba su cerveza. Su competencia eran las importaciones, no las grandes cervezas estadounidenses. Su consejo para saber lo que estás ofreciendo al mercado es este: «Si no es mejor o más barato que lo que ya hay, realmente no tienes espacio para hacer negocio».[14]

Hoy el movimiento que Koch creó ha empujado a 2.400 pequeñas empresas cerveceras —y la cifra sigue subiendo— por todo Estados Unidos, y esta categoría ahora posee un importante seis por ciento del mercado cervecero estadounidense. Samuel Adams posee el uno por ciento del mercado en Estados Unidos. Puede sonar pequeño, pero significó 626 millones de dólares en ganancias en 2012. Apenas es un pellizco comparado con la enorme cuota de mercado que comparten InBev y MillerCoors, pero los entusiastas por la cerveza de Estados Unidos, así como en los más de veinte países donde las cervezas Samuel Adams pueden encontrarse, tienen una deuda de gratitud con el creador del movimiento de la cerveza artesanal.[15]

4
ENTENDER AL ENEMIGO

Lo bien que cualquier empresa comprenda a sus adversarios es un factor determinante en que gane o pierda. Comprender las fortalezas, debilidades y realidades de tu organización es fundamental, pero es, como mucho, el cincuenta por ciento de la ecuación, como nos dice Sun Tzu en este conocido pasaje:

> Si conoces al enemigo y te conoces a ti mismo, no tienes que temer el resultado de cien batallas.

El consejo de Sun Tzu acerca de entender al enemigo es fundamental en todos los capítulos de *El arte de la guerra para la pequeña y mediana empresa*. Aquí analizamos su sabiduría más esencial sobre cómo desarrollar y aplicar este conocimiento.

CREA CONDICIONES PARA LA VICTORIA

> Si sabemos que nuestros propios hombres están en condición de atacar pero no son conscientes de que el enemigo no está

abierto para atacar, solo hemos recorrido medio camino hacia la victoria.

Tu disposición para la batalla de los negocios solo es la mitad de la historia. Mientras que tú puede que seas capaz de evitar ser derrotado adoptando una estrategia defensiva que se centre en una comprensión estrecha de tu organización, no serás capaz de salir con éxito a menos que entiendas claramente las vulnerabilidades y valores de tu adversario. Lanzar un ataque contra un adversario que esté fuertemente posicionado puede ser desastroso para ti.

> Asegurarnos contra la derrota descansa en nuestras propias manos, pero la oportunidad de derrotar al enemigo la proporciona el mismo enemigo.

La idea es ser consciente de la condición de vulnerabilidad de tu competencia. Debes comprender plenamente al adversario de tal modo que seas capaz de ver estas aberturas. Sun Tzu continúa:

> Por lo tanto el buen luchador es capaz de asegurarse contra la derrota, pero no puede tener certeza de derrotar al enemigo. He aquí el dicho: se puede saber cómo conquistar sin ser capaz de hacerlo.

¿Cómo puedes protegerte contra la derrota y tomar ventaja de las oportunidades que el enemigo ofrece? Exploremos lo que dice Sun Tzu acerca de cómo cartografiar la debilidad en los competidores y entrar en acción de forma decisiva.

IDENTIFICA A LOS ADVERSARIOS

Mientras que Sun Tzu vivía en un tiempo en que las entidades bélicas estaban bien identificadas, tu campo de batalla seguramente es más nebuloso. Puede que tú te encuentres en un paisaje lleno de fusiones y adquisiciones, o donde los grandes jugadores hagan pedazos a las fuerzas más pequeñas. Puedes ver a nuevos jugadores entrando a tu mercado por la puerta grande, o a otros alcanzar la prominencia clandestinamente. La identificación de tu adversario incluye a competidores que conoces y a otros que no.

Es un error determinar que no tienes competencia porque nadie tenga tu tecnología o tus procesos exactos, o porque no hayas hecho tus tareas buscando diligentemente a otros jugadores. Algunas pequeñas empresas empiezan e incluso funcionan durante algún tiempo creyendo que son las únicas que pueden actuar de tal modo que satisfaga al cliente. Nunca es verdad. Aunque estés haciendo algo que nadie haya hecho antes, hay alternativas, aunque sean menos sofisticadas y más caras. Debes comprender plenamente esas alternativas.

CREA OPORTUNIDADES PARA DERROTAR AL ENEMIGO

En el *sparring*, cuando peleas contra alguien con habilidades, no es suficiente con pararte frente a tu oponente, mano a mano, y lanzarle el puñetazo más rápido y apurado o golpearle y esperar a que caiga. Los golpes únicos son fácilmente detectables y evitables. Por eso es por lo que los profesionales realmente buenos saben cómo usar las fintas, los contraataques y los ataques múltiples para crear oportunidades y abatir. Para mí fue una lección difícil cuando aprendía artes marciales. Mi mentor, Uche Anusionwu, por otro lado, era bastante bueno en ello. Si él fintaba, yo contraatacaba, y él lanzaba un golpe que me derribaba. Y después me recordaba de nuevo, normalmente de manera muy causal, que debía «crear la oportunidad».

Es muy parecido en los negocios, especialmente si estás enfrentándote a un adversario más fuerte. No puedes plantarte delante, mano a mano, lanzar un ataque y esperar a que caiga. Tienes que crear oportunidades. Mientras reacciona ante un golpe combinado a la cabeza, será vulnerable a un golpe en la rodilla o a una patada en las costillas. Mientras bloquea y se gira para contrarrestar el impulso del puñetazo, puede que te dé una oportunidad de evitar el brazo que bloquea y dejarle sin respiración. La idea es crear una apertura y después aprovechar rápidamente la oportunidad. Si tu oponente tiene habilidades, no cometerá el mismo error dos veces. Y será menos probable que cometa algún error futuro que te dé una oportunidad.

«Crea la oportunidad». *¡Bam!* «Encuentra la apertura». *¡Zas!*

Tomar ventaja de una apertura que ha sido creada por factores externos es igual de útil. Un día Uche y yo estábamos trabajando en la defensa con cuchillo al final de una clase, mientras los otros se cambiaban y se preparaban para salir. Como parte defensora, estaba de pie con la espalda contra la pared mientras el atacante se aproximaba con el cuchillo. Uche sacó el cuchillo de entrenamiento para cortar, sujetándolo delante de sí, entre nosotros. Nuestro instructor, el sensei Randy Hutchins, estaba fuera de la estera, sin mirarnos realmente. Pronunció el nombre de Uche para conseguir su atención. Uche giró la cabeza hacia el sensei. Con su atención en otro sitio yo, sin dudarlo, avancé, bloqueé su muñeca, le tiré sobre la estera y le quité el cuchillo. El sensei soltó una risita y me felicitó. No hay reglas cuando el tipo malo tiene un cuchillo.

La historia ilustra el principio de la preparación de Sun Tzu:

Atácalo cuando no esté preparado, aparece cuando no se te espere.

Toma ventaja de la falta de preparación del enemigo, dirígete por rutas inesperadas y atácalo donde no haya tomado precauciones.[1]

Netflix es un excelente ejemplo de un negocio que encuentra (e incluso crea) la apertura. El gigante del alquiler de películas Blockbuster puede que haya sido conocido por sus fortalezas, pero no tenía parangón para el enemigo emergente, Netflix, y su innovadora capacidad de satisfacer a un mercado hambriento de entretenimiento y conveniencia.

FAVORECE LOS ERRORES DEL ENEMIGO

Si entiendes profundamente a tu adversario, puedes jugar con sus debilidades y favorecer que falle. En este pasaje, Sun Tzu habla de explotar el temperamento enfermizo de un adversario:

Si tu oponente tiene temperamento colérico, busca irritarlo.
Finge ser débil, para que él se crezca en arrogancia.

ATACA LAS DEBILIDADES, EVITA LAS FORTALEZAS

La idea de atacar las debilidades y evitar las fortalezas es central en Sun Tzu, al igual que debe ser para las pequeñas empresas. Las grandes empresas, también, deberían estar bien preparadas para tomar en cuenta este consejo, pero para las pequeñas es obligatorio.

Puedes avanzar y ser absolutamente irresistible si te aprovechas de los puntos débiles del enemigo; puedes retirarte y salvarte de la persecución si tus movimientos son más rápidos que los del enemigo.

Hay dos elementos importantes aquí. Atacarlo donde es débil, nunca donde es fuerte, y hacerlo con rapidez.

Cuando un general, incapaz de estimar la fuerza del enemigo, permite que una fuerza inferior se enzarce con una más grande, o lanza un destacamento débil contra una fuerza poderosa y descuida colocar soldados escogidos en primera línea, el resultado debe ser una derrota aplastante.

Nunca se debe mandar a pocos contra muchos o usar lo débil contra lo fuerte. En cuanto a lo de liderar con soldados escogidos, Huang los llama «la punta de lanza».[2] Piensa en ello como si tuvieras toda la madera detrás de una punta de flecha de tal modo que un ataque puede estar bien coordinado, con los jugadores más fuertes bien posicionados para maximizar su potencial.

SOPESA A LOS COMPETIDORES

Compara con cuidado al ejército oponente con el tuyo propio para que puedas saber dónde abundan las fortalezas y dónde son deficientes. Para alcanzar las conclusiones, necesitarás indicadores de fortalezas y debilidades. Determina cuáles son esos marcadores.

Cuando los soldados están de pie apoyados en sus lanzas, es que están débiles por falta de comida. Si aquellos que son enviados a sacar agua comienzan a beber, el ejército está sufriendo sed.

Del mismo modo en que tú debes cuidar y conservar a la mejor gente, puedes averiguar muchas cosas de la competencia por medio de la lectura de sus señales. ¿Qué les falta a tus competidores? ¿Dónde están sus frustraciones? ¿Están experimentando cambios significativos? ¿Sus presupuestos para viajes han sido recortados o incrementados? ¿Qué hay acerca de otras categorías de gastos? Sigue los progresos de tus competidores y su presencia en los comercios y observa sus gastos en publicidad y su actividad en medios sociales. Estas fuentes públicas pueden decirte dónde están enfocando el dinero tus competidores, lo que puede ser un indicador de un problema o de prosperidad para ellos. Se discutirán más detalles acerca de cómo obtener información en el capítulo 14, «Engaño».

Ten cuidado con los adversarios que están cerca y en silencio. Vigila sus movimientos:

> Cuando el enemigo esté a poca distancia y permanezca en quietud, está confiando en la fuerza natural de su posición.

No te tomes nada al pie de la letra. Estudia las acciones de tu adversario más que sus palabras:

> Las palabras humildes y los preparativos en aumento son señal de que el enemigo está a punto de avanzar. El lenguaje violento y comportarse como si fuera a atacar son señales de que se retirará.

PLANEA TUS ATAQUES

Una pieza central a la hora de medir a tus adversarios y atacar sus debilidades es planear los ataques:

> Aparece en puntos en los que el enemigo deba precipitarse a defender; marcha con rapidez hacia lugares donde no se te espere.

La agilidad es la primera ventaja de las pequeñas empresas, cuando se compara con la competencia. Si entiendes tus ventajas y a tu enemigo, serás capaz de planear tus ataques para el máximo beneficio.

EVITA LAS TRAMPAS DEL ENEMIGO

Igual que Sun Tzu recomienda a su general que cree técnicas de distracción y señuelos para que el enemigo malinterprete sus intenciones, urge a que el general no caiga en las trampas colocadas por el lado opositor:

> Cuando él [el enemigo] se mantiene alejado e intenta provocar una batalla, está ansioso para que el otro lado avance.
>
> Si el lugar de campamento es de fácil acceso, está colocando un cebo.
>
> Cuando se ve a algunos avanzando y a otros retirándose, es un señuelo.
>
> Cuando se envía a mensajeros con lisonjas en sus bocas, es una señal de que el enemigo desea una tregua.

Como interpreta Huynh:

> Si viene con ofertas, quiere un descanso.
>
> Si las tropas del enemigo marchan con ira y permanecen frente a nosotros durante un largo tiempo sin lanzarse a la batalla ni retirarse de nuevo, la situación es tal que demanda gran vigilancia y cautela.

Cuanto más estés informado del propósito de tu adversario, menos probabilidad habrá de que caigas en una emboscada.

RECUERDA LA FÓRMULA

El comentador de Sun Tzu, Du Mu, comparte de forma concisa la fórmula de Sun Tzu:

> Elude su fuerza, acecha sus aperturas y entonces dirige un ataque decisivo para la victoria.[3]

CHOBANI

Poco antes de la crisis económica griega mi marido Dave y yo visitamos Atenas. Fue allí, en la tierra del mar Egeo, donde experimentamos nuestro viaje inaugural con el rico, denso y suculento yogur griego. Nunca habíamos probado nada así, y nos apuntamos una razón más para regresar. Imagina nuestra alegría cuando poco después de regresar a casa encontramos que el yogur griego aparecía en todas nuestras tiendas de alimentación.

Tenemos que agradecer al inmigrante turco Hamdi Ulukaya que trajese ese lujo mediterráneo a nuestras comunidades. Ulukaya, el fundador de Chobani, creía que a los estadounidenses les gustaría el yogur griego si tuvieran la oportunidad de degustarlo. Peces grandes como PepsiCo, Coca-Cola, General Mills y Kraft ocupaban el mercado del yogur con productos que él dice que eran mucho menos saludables, saturados de azúcar y de menor calidad. Pero, decían los gigantes, eso era lo que el consumidor estadounidense demandaba.[4]

Cuando Chobani fue lanzada en 2007, Fage, con base en Grecia, exportaba sus yogures a tiendas especializadas de Estados Unidos y de algunos países europeos, pero estaba lejos de alcanzar el estatus de producto del futuro. Ulukaya fue a esas tiendas y habló con los compradores de yogur griego. Él y su compañía entonces hicieron pruebas y más pruebas para desarrollar un producto consistente de alta calidad. No tenían ningún conocimiento de ventas al por menor, pero consiguió la primera oportunidad a gran escala para Chobani cuando ShopRite accedió a dejar que cubriesen las tasas de posicionamiento del producto con envíos de yogur en vez de con dinero en efectivo, y permitió repartir muestras del producto dentro de la tienda. Ulukaya convenció al vendedor para que colocase el producto entre los lácteos principales en vez de en la sección de especialidades o de productos naturales.[5] No hay nada como una visibilidad dominante para dar poder a un nicho que explotar.

En menos de cinco años la empresa emergente estaba compartiendo espacio con otras marcas poderosas. En uno de los últimos años Chobani facturó más de 650 millones de dólares en ventas y ahora controla cerca del diecisiete por ciento del mercado del yogur en Estados Unidos.[6] Compara eso con 2007, cuando la participación del mercado griego en los yogures en Estados Unidos era menor de un uno por ciento.[7]

Ulukaya sabía cómo producir un producto de calidad que, de hecho, apelaría al paladar de los estadounidenses y a una considerable porción de consumidores. Pero también comprendió a la competencia. En 2009 las proyecciones indicaban que Chobani debía duplicar su producción semanal hasta las 400.000 unidades para suplir la creciente necesidad. Pero no tan rápido. ¿Acaso ese salto no despertaría la cólera de las superpotencias Yoplait y Dannon? Ulukaya reconoció el riesgo en *Businessweek*: «Una empresa emergente —dijo él— necesita seguir siendo pequeña para que los otros no ataquen, o debes intentar ser uno de los grandes. Si no lo haces bien, puedes perderlo todo». Hacerlo bien o perderlo todo. Es una dura dicotomía. Él decidió hacerlo bien, y hacerlo a lo grande, y posicionó a Chobani para exceder las proyecciones y fabricar un millón de unidades a la semana. Los pedidos alcanzaron 1.2 millones de unidades a la semana en 2011, y Chobani se está bifurcando hacia las ventas internacionales.[8]

Chobani puede que haya abierto las compuertas hacia el concepto de yogur griego, pero otros están intentando abrirse camino. Con competidores grandes y pequeños yendo por Chobani, veremos si la compañía es capaz de mantener la posición dominante en el espacio griego.

Chobani ha hecho muchos de los movimientos adecuados que indican que tiene conocimiento de la competencia, así como del mismo mercado. Aquí tienes algunas ilustraciones que son temas importantes en *El arte de la guerra para la pequeña y mediana empresa:*

Diferenciarse. Sin dinero para publicidad, Ulukaya utilizó un recipiente extra grande a diferencia de todos los demás productos de la sección de lácteos. También desarrolló sabores sin precedentes como piña y granada.[9]

Construir una comunidad leal. Chobani utilizó al entusiasta consumidor de base como fundamento de la campaña de publicidad «Historias de amor de Chobani». Dejó que los consumidores definiesen lo que Chobani significaba para ellos. Y dobló las ventas.[10] La lealtad es importante según los nuevos competidores entren en el campo y las supermarcas presenten sus propios productos de yogur griego, incluyendo opciones de menor coste.

Encontrar un nicho. «A nivel del consumidor, la tendencia del yogur griego es la mayor innovación en la industria de los lácteos desde el embalaje individual de productos como el yogur y las barritas de mozzarella», le contó Robert Ralyea, jefe del Laboratorio de Procesamiento Alimentario y Desarrollo de la Universidad de Cornell, al servicio de noticias de Bloomberg. También le otorgó a Chobani el crédito por el excepcional mercadeo del innovador producto.[11]

Convertir las desventajas en ventajas... y contarlo. «Chobani» viene de la palabra turca para *pastor*. La compañía promocionó los Juegos Olímpicos de Londres de 2012 con unos estupendos comerciales para televisión que hacían una reverencia a sus orígenes humildes. En el contexto de la historia de la comunidad de Chobani, el comercial habla de cómo el producto revivió las granjas lácteas locales, a los trabajadores de la planta y a los conductores de camiones y cómo el yogur ahora apoya al equipo de Estados Unidos. Ofrecía escenas de una comunidad rural construyendo un teatro improvisado para ver los juegos.[12] El comercial hizo de ser el jugador pequeño una ventaja y forjó una conexión con las audiencias de todo el país. Chobani también financió al equipo olímpico de Estados Unidos para los Juegos de Invierno de 2014.

5
ENTENDER EL MERCADO

Muchos emprendedores, líderes de pequeñas y medianas empresas y visionarios hacen suposiciones acerca del mercado, sus clientes y sus oportunidades. Permiten que estas suposiciones gobiernen sus decisiones. Este es el camino para una toma de decisiones desinformada, en el mejor de los casos, y catastrófica en el peor. ¿Qué suposiciones estás haciendo acerca de tu mercado?

> Si conoces al enemigo y te conoces a ti mismo, tu victoria no tendrá duda; si conoces el Cielo y conoces la Tierra, harás tu victoria completa.

Así es como Huang traduce este concepto de Sun Tzu:

> Al apreciar los factores geográficos y apreciar los ciclos naturales cotidianos, la victoria es, por lo tanto, completa.

Este capítulo explora los factores mercantiles basados en los análisis de los entendidos en el terreno. Sun Tzu escribe largo y tendido sobre las clases de terreno y cómo trazar el curso basándose en las variadas circunstancias. Recuerda los cinco factores constantes de Sun Tzu, como se describen en el capítulo 2: el Cielo puede aplicarse al clima, que nosotros adaptaremos a los factores del mercado y las condiciones que influyen en nuestras maniobras. La Tierra refleja la importancia de maniobrar eficazmente y conociendo las ventajas y desventajas de diferentes clases de terreno.

Sun Tzu advierte que el conocimiento de tu organización y de tu adversario no será factible o significativo sin una comprensión completa de tu campo de batalla:

> No somos aptos para liderar un ejército en marcha a menos que estemos familiarizados con la faz del país: sus montañas y bosques, sus escollos y precipicios, sus pantanos y ciénagas.

VE HACIA DONDE ESTÉ LA OPORTUNIDAD, PERO NO EL ENEMIGO

> Un ejército puede marchar grandes distancias sin aflicción si marcha por medio de un terreno donde no esté el enemigo.

No es sorprendente que Sun Tzu te dirija a marchar por donde no esté el enemigo. Chobani introdujo el concepto de yogur griego al mercado de masas de los compradores estadounidenses, y fue un poco antes de que las grandes marcas siguieran a la compañía a ese campo de batalla. La cerveza Samuel Adams fue pionera en la revolución de la cerveza artesanal en Estados Unidos. PayPal, de quien leerás más en el capítulo 12, «Adaptación», reinventó el pago por Internet tal y como lo conocemos hoy en día.

MUÉVETE CUANDO ÉL HAYA BAJADO LA GUARDIA

Puedes moverte hacia donde esté el enemigo, si él no te está esperando y no está preparado para un ataque:

> Puedes estar seguro del éxito en tus ataques si solo atacas lugares que estén indefensos.

Netflix se adentró en el territorio que no estaba siendo defendido por el gigante del alquiler de videos Blockbuster.

USA GUÍAS LOCALES

> Seremos incapaces de sacar provecho de las ventajas naturales a menos que hagamos uso de los guías locales.

La idea de un guía local puede aplicarse de varios modos por las pequeñas empresas. Jim Koch vivía en el área de Boston, donde se adentró en primer lugar Samuel Adams. Hamdi Ulukaya fue a hablar con un pequeño número de genuinos compradores de yogur griego. Five Guys contrató a profesionales de alto nivel de los restaurantes de la competencia. Nolan Bushnell envió a sus ingenieros de Atari al campo de juego y a las localizaciones de manufacturación. Las empresas emergentes y las pequeñas empresas pueden atraer a consultores que posean la experiencia necesaria o formar un equipo de asesores de confianza. ¿Cómo puedes hacer uso de los guías locales?

ELIGE EL TERRENO

Sun Tzu identifica nueve tipos de terreno, que han sido interpretados de modos ciertamente diferentes por varios estudiosos y autores (como se muestra en la tabla adjunta).

El arte de la guerra reconoce nueve variantes de terreno: 1) terreno disperso; 2) terreno fácil; 3) terreno conflictivo; 4) terreno abierto; 5) terreno de intersección de caminos; 6) terreno serio; 7) terreno difícil; 8) terreno cercado; 9) terreno desesperado.

LOS NUEVE TIPOS DE TERRENO DE SUN TZU, INTERPRETADOS DE CUATRO MODOS.

GILES	HUANG	MICHAELSON	HUYNH
1. Terreno disperse	Zonas separadas	Terreno disperso	Terreno disperso
2. Terreno fácil	Zonas susceptibles	Terreno fronterizo	Terreno marginal
3. Terreno conflictivo	Zonas conflictivas	Terreno clave	Terreno conflictivo
4. Terreno abierto	Zonas doblemente atravesables	Terreno abierto	Terreno abierto
5. Terreno de intersección de caminos	Zonas de tráfico claves	Terreno centro de atención	Terreno de intersección
6. Terreno serio	Zonas dominantes	Terreno serio	Terreno importante
7. Terreno difícil	Zonas compartimentadas	Terreno difícil	Terreno difícil
8. Terreno cercado	Zonas rodeadas	Terreno cerrado	Terreno rodeado
9. Terreno desesperado	Zonas letales	Terreno desesperado	Terreno mortal

Exploremos estos nueve tipos de terreno y cómo navegar por ellos.

Cuando un jefe esté luchando en su propio territorio, es un terreno disperso. Si estás luchando en tu propio territorio, la batalla ha venido a ti. El terreno disperso no es por lo general un buen lugar donde deba encontrarse una pequeña organización. Por eso los nichos son importantes. Samuel Adams no intentó ser el mayor vendedor de cerveza doméstica y tomarle la delantera a Budweiser. La misión de los restaurantes de Five Guys no es machacar a todos los contendientes en la industria de la comida rápida. Chobani decidió elevar las demandas y llamar la atención de los jugadores más grandes, pero sabe a qué se enfrenta, y sus directivos creen que la compañía está bien posicionada.

Cuando estés en este terreno, Sun Tzu dice:

- *En un terreno disperso, inspiraría a mis hombres con unidad de propósito.*
- *En un terreno disperso, por lo tanto, no luchar.*

Cuando haya penetrado en un territorio hostil, pero no a gran distancia, es un terreno fácil. El terreno fácil también se llama terreno marginal, susceptible o fronterizo. En el mercado, puede representarse por el ejemplo de intentar un concepto, pero retirarlo si no tiene éxito o no parece destinado al éxito. Los restaurantes de Five Guys intentaron introducir café y sándwiches de pollo. Ambos fracasaron y fueron retirados de los menús.

Sun Tzu dice:

- *En terreno fácil, vería que hay una estrecha conexión entre todas las partes de mi ejército.*
- *En terreno fácil no detenerse.*

En terreno fácil debes mantenerte en movimiento para que no te sientas sobrepasado por el adversario. Jim Koch sabe cómo hacer y vender buena cerveza. Pero la Boston Beer Company también sabe que no cualquier creación espumosa será un éxito. Con los años la compañía ha tenido docenas de cervezas que nunca llegaron a algo comercialmente. La compañía ha aceptado estas pérdidas y han seguido adelante rápidamente.[1]

La empresa multinacional de telecomunicaciones Cisco Systems tiene una amplia gama de productos. Pero también quiere liderar en los mercados donde juega. Cisco tiene un objetivo mínimo del cuarenta por ciento de las ventas en todos los mercados, y dejará un mercado si sus ventas bajan por debajo del veinte por ciento. Esta estrategia ha funcionado para Cisco, que ha mantenido un porcentaje del setenta por ciento de la industria de las telecomunicaciones durante gran parte de la última década.[2]

La presión para presentar un crecimiento de ingresos trimestral lleva a las grandes empresas como Cisco a enfocarse estrechamente en las soluciones ganadoras. Las pequeñas empresas tienen más libertad para crear soluciones viables y sostenibles que puede que no sean un éxito de la noche a la mañana. Pero siempre deben tener la visión global en mente y recordar que hay clientes y modelos que no son rentables.

Terreno cuya posesión suponga una gran ventaja a cualquiera de las partes es terreno conflictivo. Este es el terreno igualmente ventajoso si lo ocupas tú o tu adversario. Hay posibilidades de que si no es un mercado abarrotado todavía, pronto se convierta en uno. Airwalk (destacado en la barra lateral) es un ejemplo de cómo un nicho de productos muy exitoso se volvió mayoritario, pero finalmente fue incapaz de resistir.

Sun Tzu aconseja:

• *En terreno conflictivo, yo aceleraría mi retaguardia.*

- *En terreno conflictivo, no atacar.*

No ataques en terreno conflictivo porque probablemente no tienes ventaja ni en número ni en fuerza. En vez de entrar en batalla con un adversario en un terreno que es igualmente de ventajoso para los dos, traza tu curso con precaución.

Terreno en que cada parte tiene libertad de movimiento es terreno abierto. Para las propuestas de pequeñas empresas, el terreno abierto es similar al terreno conflictivo. Tanto Huynh como Huang, en sus traducciones, enfatizan la importancia de mantener tus fuerzas juntas y en cercana proximidad:

- *En terreno abierto, no se separen.* (Huynh)
- *Con zonas doblemente atravesables, no dejes huecos.* (Huang)

Este es un terreno tras el que estarán otros. No permitas que tu adversario te divida, y asegúrate de centrarte en la unidad desde dentro. Sun Tzu dice:

- *En terreno abierto mantendría un ojo puesto sobre mis defensas.*
- *En terreno abierto no trates de bloquear el paso del enemigo.*

Terreno que significa la clave para tres estados contiguos, de tal modo que aquel que lo ocupe primero tiene la mayor parte del Imperio a sus órdenes, es terreno de intersección de caminos. Aquí Sun Tzu describe cómo tomar control del imperio. El primero que lo ejecute bien se verá afianzado. Pero ay de ti, que si no tienes las llaves del imperio en tus mercados justo entonces, considera lo que Sun Tzu dice de las intersecciones de caminos bajo su discusión de una variación de tácticas:

Cuando estés en territorio difícil, no acampes. En territorio donde grandes rutas se intersecten, une fuerzas con tus aliados. No te rezagues en posiciones peligrosas aisladas.

¿Qué significa unir fuerzas con los aliados? Como apunta Jay Abraham en su clásico del mercado *The Sticking Point Solution* [La solución del punto conflictivo], la imagen icónica del emprendedor del siglo veinte, del hombre o la mujer hechos a sí mismos que se apoyan en la habilidad, el carácter y la firmeza, necesita cambiar con los tiempos. El líder de pequeñas y medianas empresas del siglo veintiuno tiene que colaborar creativamente con los demás. Cita la proyección de Robert Hargrove de que la característica más definitoria de los grandes emprendedores de este siglo será lo bien que colaboren de forma creativa con los demás.[3] Ninguno de nosotros —ni tú, ni yo, ni el brillante emprendedor que tiene cinco mansiones en otros tantos continentes— puede construir todas las habilidades necesarias para mantenerse al día y competir hoy. Aun así, muchos líderes de negocios operan como si pudieran.

Sun Tzu dice:

- *En el terreno de intersección de caminos, une fuerzas con tus aliados.*
- *Cuando hay medios de comunicación por los cuatro costados, el terreno es el de intersección de caminos.*
- *Yo consolidaría mis alianzas.*

Leerás más acerca de cómo unir fuerzas con los aliados, incluyendo algunos medios inesperados, en el capítulo 6, «Sun Tzu para clientes y alianzas empresariales».

Cuando un ejército haya penetrado en el corazón de un territorio hostil, dejando tras de sí cierto número de ciudades fortificadas, es un terreno serio. A diferencia del terreno fácil, el terreno serio requiere un compromiso profundo:

> Cuando penetras profundamente en un territorio, es un terreno serio. Cuando penetras pero solo un poco, es un territorio fácil.

Chobani tuvo éxito abriéndose paso hasta el corazón del mercado del yogur. Pero no lo hizo solamente con otro yogur. La compañía creó algo totalmente diferente, y de gran calidad, y lo empaquetó eficazmente.

El territorio serio requiere recursos:

> En terreno serio intentaría asegurar un flujo continuo de suministros.

Y, dice Sun Tzu, debes reunir recursos tan rápido y eficazmente como puedas, y aprovecharlos al máximo:

> En terreno serio, reúne el botín. En terreno difícil, sigue la marcha sin detenerte.

Bosques de montaña, acantilados escarpados, ciénagas y pantanos, todo territorio que sea difícil de atravesar: este es terreno difícil. Los emprendedores en países como Líbano, Indonesia y Senegal están en terreno difícil. Aunque hay un creciente espíritu de innovación en estas regiones, los jóvenes creadores enfrentan tradiciones y culturas reacias a la innovación. Aparte de la amenaza de la competencia, deben viajar por un dificilísimo terreno para conseguir resultados. Pero hay grandes recompensas por realizar esta expedición. El portal árabe Maktoob.com fue comprado por Yahoo por 175 millones de dólares. Yahoo tiene 20 millones de usuarios en Oriente Medio.[4]

Sun Tzu dice:

- *En terreno difícil sigue la marcha sin detenerte.*
- *En terreno difícil yo seguiría peleando por el camino.*

Los emprendedores de Oriente Medio, el norte de África y secciones de Asia deben continuar con la marcha incluso frente a terrenos extremadamente difíciles.

Terreno que es alcanzado por medio de estrechos barrancos y del que solo nos podemos retirar por tortuosos senderos, de tal modo que un pequeño número del enemigo pudiera bastar para aplastar a una gran cantidad de nuestros hombres: este es terreno cercado. Sun Tzu continúa su descripción aconsejando que:

Cuando tengas las fortalezas del enemigo a tu espalda, y un paso estrecho al frente, es terreno cercado.

El terreno cercado, también llamado cerrado o rodeado, es un buen lugar para que las pequeñas empresas encuentren un gran adversario. En este terreno una fuerza pequeña puede hacer un daño máximo. Sun Tzu advierte que:

- *En situaciones de terreno cercado, debes recurrir a la estratagema.*
- *En terrenos cercados, yo bloquearía cualquier camino de retirada.*

Una estratagema es un truco o artificio utilizado en la guerra para ser más inteligente que el enemigo. Igual que con el bloqueo de la retirada, Sun Tzu dirige a su general a unir sus fuerzas de tal manera que ya no puedan ser debilitados por desertores. Blockbuster es un clásico ejemplo de un negocio cercándose a sí mismo con un modelo tradicional. Cuando Netflix y otros servicios de video por *streaming* llegaron con un mecanismo de entrega muy superior, los pocos aplastaron al gigante.

Terreno en el que solo podamos salvarnos de la destrucción por medio de la lucha sin demora es terreno desesperado. Esta situación difiere del terreno cercado, que permite «pasos estrechos al frente». Con el terreno desesperado, sin embargo, no hay lugar donde refugiarse. La situación es nefasta, de hecho:

> En terreno desesperado yo proclamaría a mis soldados la nula esperanza de poder salvar sus vidas.

Hay una opción, dice Sun Tzu:

> En terreno desesperado, lucha.

Priceline, cuyo perfil se analiza en «Perseverancia» y se menciona de nuevo en «Adaptación» (capítulos 8 y 12 respectivamente) es un ejemplo de una compañía en terreno desesperado que consiguió convertir el desespero en ventaja.

————

Para las pequeñas y medianas empresas todos los terrenos pueden ser difíciles. En terrenos de intersección necesitas depender de compañeros y amigos. Cuando estés aislado y abierto, cúbrete o muévete. Cuando estés rodeado, necesitas estrategia. Cuando no tengas elección, lucha.

Si tienes un concepto viable, únicamente estás solo durante un corto periodo de tiempo. Muchas pequeñas empresas optan por ir a terreno rodeado, donde hay enormes oportunidades pero también montones de competidores. Si lo haces, necesitarás ampliar la fuerza para manejar los desafíos que vendrán. Recuerda que en terreno rodeado unos pocos, bien posicionados, pueden atacar y derrotar a muchos. Pero si eres capaz de tomar una posición superior y rodear a tu/s competidor/es, pocos de ustedes pueden derrotar a muchos de ellos.

NO PERSIGAS A UN ADVERSARIO PREPARADO

En una advertencia más de Sun Tzu, asegúrate de no perseguir a un adversario preparado a su mercado:

> Si el enemigo ocupa [un terreno estrecho] primero, no lo sigas.
> Si él no está preparado, síguelo.[5]

Este pasaje, de los nueve tipos de terreno de Sun Tzu, habla de un paso estrecho donde maniobrar es difícil. La aplicación para las pequeñas empresas es evitar a los clientes bien protegidos, muy satisfechos y difíciles de intervenir cuando el pasaje sea estrecho. Los mercados competitivos igualan los pasos estrechos. Es al adversario poco preparado, particularmente uno con una empresa que se base en los clientes, al que deberías perseguir.

SABER CUÁNDO GIRAR

Como veremos en el capítulo sobre la adaptación, a veces la solución no es desesperarse o desmoronarse, sino cambiar tu modelo de negocio y sobreponerte. Muchas empresas han visto la victoria al calcular y tomar una nueva ruta.

AIRWALK

Uno de mis ejemplos favoritos de una empresa llegando muy lejos al comprender más provechosamente su mercado y su posición es Airwalk. La empresa de calzado deportivo fue fundada a mediados de los 80 con un enfoque importante en los patinadores de *skate*. Airwalk desarrolló un culto apasionado entre sus seguidores y, después de pocos años, era una empresa que ganaba 13 millones de dólares al año. Después de eso los propietarios buscaron convertir esta pequeña empresa en una marca internacional. Se expandieron al *surf*, el *snowboard*, la bicicleta de montaña y el ciclismo en ruta. También contrataron a una pequeña agencia de publicidad, Lambesis. Al cabo de dos años, Airwalk era enorme.

Con un presupuesto limitado, Lambesis se presentó con una serie de imágenes sobresalientes que mostraban a gente relacionada con sus Airwalks, seguido de unos comerciales para televisión muy memorables. Los anuncios eran impresionantemente visuales y apelaban en gran medida a los jóvenes. Pero si querían convertir Airwalk en una gran marca, tenían que hacer algo más. Tenían que capturar la tendencia de la subcultura del *skate* y empaquetarla para el consumo masivo.[6]

Para descubrir esas ideas, Lambesis desarrolló una red de jóvenes inteligentes en las grandes ciudades y reunió una imagen de las nuevas tendencias emergentes. Al comparar sus hallazgos con lo que la gran mayoría de niños decía y hacía, Lambesis pudo seguir el rastro de las ideas que darían con más probabilidad el salto desde la subcultura de moda hacia las corrientes principales. Estas ideas se integrarían en los anuncios de Lambesis y en la marca de Airwalk.[7]

Lo que el equipo fue capaz de hacer es extraordinario. Tomaron las tendencias nacientes y crearon anuncios para mostrarlas y traducirlas para que tuvieran sentido. Para cuando se emitieron los anuncios, esas tendencias (o al menos muchas de ellas) tuvieron éxito. Por ejemplo, a la subcultura le gustaban las películas de kung fu. Así que Lambesis hizo un anuncio parodia del kung fu donde el héroe de Airwalk vencía a los villanos con, ¿qué si no? Su tabla de *skate*. Lambesis tomó la idea del kung fu y la mezcló con la cultura juvenil.

Pero, por desgracia para Airwalk, la historia de la compañía también ilustra cómo no aplicar eficazmente a Sun Tzu, porque fracasó a la hora de tomar en cuenta este principio:

> *Si sabemos que el enemigo está abierto para atacar, pero no somos conscientes de que nuestros propios hombres no están en condiciones de ataque, solo hemos recorrido medio camino hacia la victoria.*

El mercado estaba abierto para Airwalk. Pero la marca sacó sus fuerzas de la posición para continuar atacando y dominando. A la vez que demostraron una profunda comprensión del cliente, no lo sostuvieron. Después de su cumbre a mediados de los 90, Airwalk experimentó problemas de producción. Los distribuidores, una vez tan leales, perdieron la paciencia.[8]

En otra ilustración de cómo la compañía no estaba en condiciones de atacar, Airwalk también perdió el norte en su sensación de vanguardia. El producto se volvió menos a la moda. Ya no era un zapato para profesionales innovadores. Airwalk incluso se apartó de su estrategia de dar a las pequeñas tiendas de *skate* independientes una línea de productos exclusivos de zapatos más técnicos que no estaban disponibles en ningún otro lugar. Hubo un tiempo en que los que estaban a la vanguardia de la moda podían llevar unos zapatos mejores y más exclusivos que ninguno. Pero entonces Airwalk abandonó su estrategia de nicho y ofreció los mismos zapatos a las grandes cadenas.[9]

_____

PAYCHEX

Si tu pequeña empresa usa un servicio para procesar las nóminas, hay muchas probabilidades de que sea Paychex. La compañía ilustra el poder de comprender el mercado lo suficientemente bien como para encontrar la apertura y crear una oportunidad.

En 1971 Tom Golisano vio el potencial de ofrecer una externalización razonable de las nóminas a las empresas de menos de cien empleados. El peso grande de la industria ADP se centraba en empresas con más empleados. Con solo el cinco por ciento de sus ingresos provenientes de las empresas pequeñas, ADP continuaba manteniendo su objetivo en los grandes clientes. Golisano fue a su procesador regional de nóminas para grandes empresas con este plan. La compañía no estaba interesada, así que comenzó Paychex.[10]

Paychex fue hacia donde la competencia no estaba preparada para ir, y donde no quería ir. Desde entonces, Paychex ha tenido el récord de crecimiento continuo. Como actualmente informan en la página web de Paychex, en el año fiscal de 2013 la compañía ha reportado ingresos que han superado los 2.300 millones de dólares. Creciendo desde solo un empleado, Paychex tiene más de 12.000 y sirve a medio millón de empresas desde pequeñas hasta medianas en toda la nación.

6

SUN TZU PARA CLIENTES Y ALIANZAS EMPRESARIALES

Con Internet conectándonos a todos, las compañías se están volviendo más y más transparentes, ya sea porque la adopten o porque se sientan absorbidas contra su voluntad por la utopía interconectada. Un solo cliente infeliz o un empleado descontento pueden compartir una mala experiencia con el mundo en el mismo tiempo en que te toma a ti leer esta frase. Su historia, que puede ser verdadera, falsa o algo entre medias, se puede expandir como un incendio por las redes sociales.

La buena noticia es que lo contrario también es cierto. Una gran experiencia con una compañía puede ser leída por millones de personas casi instantáneamente.

Los medios sociales les otorgan a las pequeñas empresas un poder sin precedentes para comprender e interactuar con los clientes y con el resto de su comunidad. Y hay algo más que igualmente emocionante: si construyes una pequeña compañía que demuestra un deseo de conectar con las personas influyentes, ellos querrán conectar contigo, mucho más de lo que querrán con las grandes marcas corporativas. Entonces, cuando tú te conviertas en una gran marca, puedes resolver el envidiable problema de cómo seguir siendo dinámico y digno de interacción mientras además cuentas los miles de millones. Zappos ha averiguado cómo usar las redes sociales para este mismo fin.

Hemos explorado las indicaciones de Sun Tzu acerca de conocer al enemigo y conocernos a nosotros mismos. En este capítulo extenderemos esa visión a los aliados y a los accionistas, incluyendo a los clientes. Maximizar las relaciones y el valor de los clientes, compañeros, proveedores y otras personas influyentes es una estrategia mayor a considerar.

Sun Tzu escribió acerca de los accionistas y activos, incluyendo a los espías, los guías locales y las fuerzas derrotadas dentro de las filas del enemigo. Él comprendió la necesidad de influir del mismo modo a combatientes y no combatientes, pero no tuvo que lidiar con una dinámica como la del cliente. Nosotros sí, sin embargo. Y podemos tomar su perspectiva acerca de cómo optimizar todas nuestras relaciones empresariales.

CLIENTES

Marc Benioff, presidente de Salesforce.com y alumno entusiasta de *El arte de la guerra para la pequeña y mediana empresa*, ha dicho que hay un compromiso que todos los vendedores y comerciantes exitosos comparten. Es un «enfoque implacable en el cliente y un compromiso real con su éxito». La organización entera debe perseguir este mantra.[1]

Las pequeñas empresas, en particular, deberían extender el llamado de Sun Tzu a comprenderse del todo a sí mismas y a sus adversarios para entender y comprometerse con el cliente. El mandato de proveer un servicio al cliente excepcional es el cambio radical diferenciador para las pequeñas empresas que compiten contra «las marcas sin rostro». El reconocido consultor empresarial y escritor Joe Calloway tiene tres reglas para desarrollar una íntima relación con el cliente, reglas de las que Sun Tzu se sentiría orgulloso:

1. Conoce más acerca del cliente que ningún otro.
2. Acércate más al cliente que ningún otro.
3. Conecta emocionalmente con el cliente mejor que ningún otro.[2]

Son simples, pero estas tres reglas separan las empresas excepcionales de los demás. James Beard, el homónimo de los premios culinarios James Beard, lo expresó maravillosamente cuando se le pidió que divulgase su restaurante favorito. Todo aquel a quien le interese desarrollar relaciones sobresalientes con el cliente debería escuchar su respuesta: «Mi restaurante favorito es aquel en el que me conocen, donde me tratan como a un miembro de la familia y un amigo».

El nivel de intimidad es tan importante que Beard dijo que aunque la comida no fuera demasiado buena en el lugar donde le conocen mejor, seguiría prefiriendo comer y gastar su dinero allí. Pasa lo mismo con restaurantes y hoteles.[3]

Las pequeñas empresas son las únicas capaces de llegar a conocer al cliente extremadamente bien. La decisión de Atari de llevar a sus ingenieros a visitar localizaciones de prueba hizo que los desarrolladores se acercaran mucho más al cliente. También le dio al desarrollador de videojuegos una información rápida acerca de la popularidad del juego. Solo tuvieron que sentarse y contar el dinero. Podían probar el mercado y predecir las ganancias de nuevos juegos, y les dieron a los distribuidores una idea informada de qué esperar.[4] ¿Estás todo lo cerca de tus clientes que puedes estar? ¿Los conoces todo lo bien que puedes?

ALIADOS

Estamos en la era de las alianzas. Las alianzas estratégicas están al alza en las grandes organizaciones. El gurú de la gestión Peter Drucker se ha dado cuenta de que estamos en medio de una «reestructuración mundial» que está tomando lugar en forma de alianzas y asociaciones.[5] Y si las mayores empresas están aunando esfuerzos con otros grandes apostadores, ¿cuánto más las pequeñas y medianas empresas necesitan construir alianzas y relaciones fuertes?

Demasiada gente piensa de forma muy obtusa acerca de las alianzas estratégicas. Piensan solo en lo que un socio potencial puede hacer por ellos a corto plazo. Si no pueden sacar un buen beneficio, entonces rechazan la oportunidad. En vez de eso, las pequeñas empresas deben pensar estratégicamente en construir alianzas con las organizaciones adecuadas para tomar una ventaja que beneficie a ambas partes. Las pequeñas empresas deben buscar activamente y con cuidado aliados, incluyendo a vendedores y proveedores, empresas cercanas, socios estratégicos, compañeros de empresas conjuntas, patrocinadores, consultores, colegas y amigos. Las pequeñas y medianas empresas exitosas deben pensar en términos de colaboración hoy más que nunca. Cuantos más recursos tengas, mayor será tu impronta.

Mientras estaba todavía en eBay, Meg Whitman se percató de este cambio en las alianzas cooperativas. Hablando con el *Financial Times*, recuerda que en los comienzos de su carrera era un tabú hacer equipo con un competidor. Hasbro nunca trabajó con su rival juguetera Mattel. Procter & Gamble no cooperaban con Colgate. Pero, como se percató en la alianza de eBay con Yahoo, todo eso cambió. Google también era socio de eBay, al mismo tiempo que competidor.[6] Las alianzas eran importantes para Sun Tzu, como lo son para todos los líderes empresariales y militares sagaces. La interrupción de las alianzas del adversario, además, es una búsqueda que vale la pena:

La excelencia suprema en la guerra es atacar los planes del enemigo. Lo siguiente mejor es interrumpir sus alianzas. Lo siguiente mejor es atacar su ejército. La peor política es atacar ciudades.[7]

Las alianzas pueden ayudarte a acortar distancias

Si estás situado a una gran distancia del enemigo, y la fuerza de ambos ejércitos es igual, no es fácil provocar una batalla, y pelear será para tu perjuicio.

Aunque este pasaje se refiere a adversarios en igualdad de condiciones, es importante para las pequeñas empresas. Si tienes que pelear duro para llegar a la base de clientes de una industria, estarás en desventaja. ¿Cómo puedes hacer que la lucha sea más ligera y reforzar la distancia? Sun Tzu dice que te enzarces con una fuerza superior, no igual. Al hacer un uso cauteloso de alianzas escogidas, puedes ayudar a reducir la sima entre tu pequeña empresa y las más grandes que buscas dominar.

Considera las alianzas con precaución

Sin importar la naturaleza específica del acuerdo empresarial, no se debe uno adentrar en una alianza a la ligera. Sun Tzu requiere un conocimiento profundo de los socios potenciales:

No podemos entrar en alianzas hasta que conozcamos los propósitos de nuestros vecinos.

Las alianzas requieren la diligencia debida para guardarnos contra conflictos de intereses y dañar nuestra reputación y nuestros objetivos. Las pequeñas y medianas pueden convertirse fácilmente en víctimas de la trampa de reunir todas las alianzas estratégicas que puedan, sin saber nunca realmente cómo aprovechar estas participaciones. Yo trabajaba con una compañía de telecomunicaciones cuando explotó la burbuja del puntocom, para disgusto de muchos de nosotros. Esta compañía razonablemente bien fundamentada tenía una plétora de acuerdos firmados de alianzas estratégicas, pero nunca hizo gran cosa realmente con esos «socios» más allá de las firmas de los papeles. Incapaz de tener ventas sustanciales, la compañía se quedó sin efectivo y cerró la tienda. Sus socios estaban poco aleccionados sobre cómo promocionar las mercancías de su proveedor de servicios de telecomunicaciones, o poco incentivados, o ambas cosas.

El inteligente general Sun Tzu escribe: «No busques aliarte con todos sin excepción». Si la alianza no está diseñada para jugar un papel en la generación de ingresos, probablemente sea una pérdida de tiempo.

En vez de eso, los líderes de negocios inteligentes desarrollan objetivos claros con todos sus socios. Un objetivo puede ser comprender mejor un nuevo territorio:

> Seremos incapaces de sacar provecho de las ventajas naturales a menos que hagamos uso de los guías locales.

¿Cómo puedes hacer uso de «los guías locales» cuando buscas «conocer los propósitos de tus vecinos»? Si entras en un nuevo mercado o región, necesitarás un guía que entienda este escenario mejor que tú, ya esté en el lado de los empleados o de los consultores. El modelo consultor funciona bien para muchas pequeñas empresas, pero a los consultores les suele fallar la lealtad y normalmente están menos interesados que los empleados. Sin importar cuáles sean tus recursos, si estás usando los mismos guías locales que tus competidores, ¿realmente estás tomando la delantera?

LA INDUSTRIA DEL *BOURBON*

Uno de mis ejemplos favoritos del consejo de Sun Tzu de «unir fuerzas con tus aliados» mientras estás en un terreno de intersección es ver la industria del *bourbon*. Cuando mi marido y yo visitamos el Kentucky *bourbon* Trail® nos sorprendió el espíritu de comunidad entre las diferentes destilerías. El *bourbon* Trail reúne a ocho grandes destilerías, y ha añadido una Ruta de Artesanía para destacar los pequeños productores de *bourbon*. Nadie tiene una mala palabra que decir acerca de ningún otro destilador, aunque deberías estar preparado para las protestas si, por ejemplo, te presentas en Buffalo Trace llevando una camiseta de Marker's Mark.

El *bourbon* ha estado en auge en los últimos años. Estuvimos bien acompañados en las destilerías que visitamos, tanto dentro como fuera. En 2012 más de un millón de personas visitaron una o más destilerías en Kentucky, el estado donde se produce el noventa y cinco por ciento del *bourbon* del país. El *bourbon* generó 4.500 millones de dólares en ventas al por menor en 2012.[8]

La tradición familiar del *bourbon* de Kentucky se fundamenta en el agua rica en cal del río Kentucky. La familia de Jim Beam ha tenido algo que ver con casi todas las destilerías grandes del estado. La conexión familiar que fluye a través de muchas generaciones de destiladores de *bourbon* es un factor que contribuye, bueno, al espíritu que hay detrás del güisqui.

Pero antes de que el *bourbon* se convirtiera en una industria multimillonaria, enfrentó tiempos duros. Llevaba en declive desde principios de los 70, cuando los bebedores preferían los vodkas o las ginebras más neutras. En 1984 el reconocido destilador Elmer T. Lee produjo la primera remesa de Blanton's Single Barrel. No tenía nada que perder, pero como te diría un corro de aficionados al *bourbon*, sí mucho que ganar. Buffalo Trace, donde el difunto Elmer Lee servía de maestro destilador, vendió su *bourbon* de calidad superior a treinta dólares la botella, entre dos y tres veces por encima del precio medio de aquella época.[9]

Poco a poco el Blanton's Single Barrel creó clientes fieles. Hoy muchas destilerías de Kentucky ofrecen productos de calidad superior. Tienen que agradecérselo a Lee. Su innovación diseñó el cambio de rumbo que ha trazado el curso de esta explosión de *bourbon* de primera calidad.[10] Y suple una sólida demanda del mercado.

Las razones para estas fuertes alianzas entre los productores de *bourbon* pueden verse probablemente tanto entre los lazos familiares de las generaciones que lo han producido como en la necesidad de unirse para proteger sus intereses de las amenazas planteadas por los impuestos y las barreras comerciales. Y quizá colectivamente vean las ginebras, los vodkas y otros brebajes como competidores contra los que necesitan unirse para luchar.

Construcción de alianzas para tu pequeña empresa

Aquí tienes algunos consejos y ejemplos poderosos sobre la construcción de alianzas que puedes usar para construir tu pequeña empresa.

Jay Abraham, estratega del mercadeo y escritor, sugiere compartir recursos. Si tú necesitas un equipo de ventas pero tu empresa joven o en problemas no se lo puede permitir, encuentra un socio que no sea competencia en tu campo que tenga un equipo que no esté siendo aprovechado completamente, establece una empresa conjunta y compartan los beneficios. Si necesitas un almacén, encuentra una empresa con espacio de almacenaje sobrante o capacidad de ejecución, y únete a él para compartir el crecimiento.[11]

El trueque también puede ser una gran ayuda para tu empresa, aunque a menudo se ve con escepticismo. Después de todo, consiste en hacer dinero, no en cubrir gastos, ¿no? No tan rápido. Piensa en una experiencia que tuvo Abraham. Él trabajaba con el tercer editor del mercado de las publicaciones sobre viajes, que estaba luchando por vender publicidad en cualquiera de los modos predecibles. El editor había obtenido ofertas de trueque de negocios, pero las había rechazado. Sin embargo, Abraham y su equipo convirtieron esos trueques en efectivo a cincuenta centavos de dólar. Esto igualaba en cinco veces el costo de la publicidad. La revista fue capaz de intercambiar el espacio publicitario a cambio de bienes o servicios que valían 10.000 dólares por página a negocios felices de pagar cincuenta centavos por la publicidad.[12]

En otra historia exitosa de trueque, Carnival Cruise Lines comenzó a intercambiar camarotes vacíos de otro modo por anuncios en radio, televisión y periódicos. Lo que obtuvo a cambio fue una publicidad constante en un centenar de ciudades por un periodo de más de diez años. Además, esos pasajeros de los medios gastaban una generosa cantidad de dinero en el bar, el casino y la tienda de regalos. Abraham estimó por lo bajo la cantidad de esas ventas en cientos de millones de dólares. El propietario se convirtió en multimillonario y una de las personas más ricas de Estados Unidos según la revista *Forbes*.[13]

¡Ese es el poder del trueque! Conlleva visión y creatividad, pero se puede compensar de maneras muy grandes.

Trabaja en tu red

Finalmente, tu éxito depende de quien conozcas. Si no vas a hablar con los clientes potenciales y los expertos en la industria, te perderás incontables oportunidades. Piensa en cómo puedes construir una poderosa red.

Pete's Greens es una producción agrícola con certificación orgánica en Craftsbury, Vermont. El presidente de la compañía, Pete Johnson, estaba involucrado con un grupo de empresarios que se reunían regularmente para comidas informales. En cada reunión discutían un tema que estuviese preocupando a alguno de los miembros. Era un modo creativo de introducir soluciones y desarrollar redes.[14]

EBAY

Las alianzas estaban en el corazón de la estrategia de Meg Whitman para eBay. En *Sun Tzu for Women* [Sun Tzu para mujeres] escribí acerca de la increíble capacidad de Whitman para construir asociaciones y alianzas. Fue al canal de socios de eBay para aprender cómo podía la compañía mejorar sus negocios, lo que se considera como un factor motriz del éxito de la casa de subastas por Internet. Llamada la facilitadora ejecutiva a causa de los extraordinarios equipos que construye, Whitman es un caso de estudio en Sun Tzu para clientes, empleados y alianzas. Cuando se unió a eBay en 1998, la empresa tenía treinta empleados y cerca de cuatro millones en ingresos. Diez años más tarde dejó una potencia mundial que cotiza en bolsa con 8.000 millones de dólares en ingresos. Ahora queda por ver cómo traslada su pasado rendimiento a una estrategia de socios para HP.

————

DENNIS PUBLISHING

HP tiene riqueza de recursos. Pero cuando pienso en cómo los emprendedores con muy pocos recursos pueden aplicar su inteligencia para construir sociedades y alianzas que les catapulten hacia adelante, pienso en Felix Dennis. Posee Dennis Publishing y sus más de cincuenta revistas, páginas web y portales para móviles. Es uno de los hombres más ricos de Inglaterra, y ha construido un imperio editorial de más de 800 millones de dólares.[15]

Pero en 1972 Dennis solo tenía ideas. La historia que hay detrás de los primeros días de su éxito es un testimonio del poder de las asociaciones. Él era persuasivo, o lamentable, o incorregible, o quizá las tres cosas. Dennis buscaba comenzar una compañía de cómics. Con poco dinero, contrató a un amigo cercano,

Dick Pountain, para ser codirector y gerente de producción. Encontró una oficina útil aunque indeseable cuyos ocupantes previos incluían a las conocidas leyendas del heavy metal Lenny Kilmister de Motörhead y un establecimiento de cría de cachorros. Convenció a un joven abogado llamado Bernie Simons para que le ayudase a registrar su sociedad limitada. Pagó a Simons unos pequeños honorarios por sus servicios. Dennis dijo que «entretuvo» a un gerente de banco lo suficiente para que abriera una cuenta empresarial. Un distribuidor de revistas que conocía accedió a llevarse su primer producto, aunque Dennis no tenía dinero con que pagarlo. En cuanto al contenido, él y Dick conocían a ilustradores que no esperarían recibir un adelanto, o recibir nada en absoluto, por su trabajo.[16]

La impresión fue un enorme y caro obstáculo. Dennis persuadió a un impresor para que le proporcionara tiempo y papel de su maquinaria para producir el cómic, reduciendo así sustancialmente el costo a unos pocos miles de dólares. Pero los impresores necesitaban alguna garantía de que recibirían el dinero. Dennis persuadió (esa palabra de nuevo) a los propietarios de su potencial distribuidor que escribiesen al impresor y prometiesen el dinero. Ellos sabían que era mejor ofrecer una garantía legal, pero lo hicieron sonar convincente. El distribuidor con el que estaba relacionado era considerado una influencia en la industria. El impresor accedió.[17]

El primer producto de *Cozmic Comics* apenas hizo un centavo, pero proporcionó un marco de trabajo para más aventuras editoriales. Al cabo de dos años nuestro héroe tenía el equivalente a unos 800 millones de dólares de hoy. Fue capaz de pagar a sus impresores, a los colaboradores, a los diseñadores, al casero, al abogado, a Dick —y a sí mismo— a la vez que mantenía el control completo de la compañía. Todas estas personas que le ayudaron durante los meses fundacionales fueron decisivos. Sin ellos, lo reconoce, nunca podría haberlo hecho.[18]

El consejo de Dennis es que puede que te sorprenda cuántas personas querrán ayudarte. Y, al estilo de Sun Tzu, la gente que le ayudó estuvo bien cuidada, desde el joven abogado que después establecería la firma que representaría a Dennis a lo largo de su carrera hasta el impresor que continuó imprimiendo para él, al menos hasta la fecha de su autobiografía. Sí, al final, salió todo bien.[19]

Su historia también ilustra otro principio de Sun Tzu que es útil para las pequeñas empresas: *haz incursiones en tierras fértiles para suplir de comida a tu ejército.* La impresión inicial de aquel cómic fue como una rápida y repentina invasión o ataque que suplió al incipiente negocio con los mínimos que necesitaba para seguir moviéndose. Desde ahí no paró de crecer. Igual que Dennis y Sun Tzu, incluso aunque estés imaginando cómo construir tu imperio, recuerda que necesitas alimentar a la bestia.

El enemigo derrotado es el nuevo aliado

En una continuación de los consejos de Sun Tzu sobre los carros capturados (ver capítulo 3, «Entenderte a ti mismo»), dice:

> Nuestras propias banderas deben ser sustituidas por aquellas del enemigo, y los carros, mezclados y usados en conjunto con los nuestros. Los soldados capturados deben ser tratados y guardados amablemente.

Esta dirección acerca de cómo cuidar humanamente a los soldados capturados puede sorprender a algunos como algo inesperado de un guerrero profesional. Pero piensa en lo relevante que es este consejo para los negocios. Todos hemos tenido nuestra porción de puentes proverbiales quemados. Quizá éramos nosotros los que sosteníamos las antorchas o quizá nos quedamos tirados en territorio hostil. En cualquier caso, hemos visto cómo se hacen enemigos. Aparte de un estímulo del ego a corto plazo, ¿qué bien puede significar hacer mal a los demás o lidiar con ellos de forma hostil?

La venganza puede sentirse bien a corto plazo, pero ten cuidado si pasas tu carrera en una sola industria o en la misma ciudad, aunque sea grande. Los puentes que has quemado te cortarán el camino un día. Es un mundo brutal. Los líderes de pequeñas y medianas empresas necesitan a todos los amigos que podamos conseguir.

Cuando superes a los competidores, o los adquieras, piensa en cómo tratarás a esos nuevos empleados. A veces resulta una matanza. Pero recuerda que esos profesionales pueden ser fuentes de propiedad intelectual e información informal. Piensa en cómo el trato merecido a los talentos preeminentes beneficiará a tu empresa, así como el daño que te pueden causar yéndose a la competencia.

Para los competidores que no lo están haciendo muy bien, considera una adquisición amistosa. Puedes obtener a sus clientes y permitir que tu competidor salve el cuello. Es un modo de bajo coste y alto impacto, en comparación, para que tú hagas crecer tu empresa.

PROVEEDORES Y DISTRIBUIDORES

Las pequeñas empresas deben maximizar el valor de las relaciones con su proveedor y su distribuidor. A menudo se aprecian poco y se utilizan mal. Para las pequeñas empresas la liquidez es la clave. Cuando sea necesario, trabaja creativamente con estos socios para hacer que la liquidez siga fluyendo. Además, cuanto mejor los conozcas mayor ventaja sacarán unos de otros para su máximo beneficio. Pero no seas abusivo o deshonesto. Los proveedores tienen importante información del mercado y los competidores. Trátalos bien. Gánate su confianza. Haz que reunirte con los proveedores clave y los distribuidores para comer o tomar algo sea importante, de tal modo que puedas desentrañar la información.

La humildad es un atributo de los líderes de pequeñas y medianas empresas. El innovador de videojuegos Atari tenía serios problemas de liquidez en los primeros días, mientras la compañía seguía tomando impulso. El cofundador Nolan Bushnell se estaba quedando sin opciones. Recurrió a lo que él llama «una comunidad de ayuda». Fue al productor de microprocesadores AMD. Debía dinero a este proveedor por piezas enviadas hacía más de noventa días, pero le dijo que todavía necesitaba más piezas. Le explicó cómo le pagaría por todas ellas una vez hubiera sacado a Atari de un obstáculo inminente. AMD accedió, y eso solidificó una relación que conllevaría muchos grandes encargos futuros para el microprocesador. Funcionó bien también para Atari. Vendieron millones de videoconsolas y ordenadores y se convirtieron en la compañía con un crecimiento más rápido en la historia de Estados Unidos hasta ese momento.[20]

Considera incluso a tus clientes cuando necesites ayuda. Jeff Hoffman, fundador y antiguo director ejecutivo de Priceline, sugiere que recurras a tus clientes en busca de ayuda cuando te encuentres atascado, o incluso cuando estés desesperado. Diles que necesitas hacer algo o construir algo, explícales cómo les beneficiaría, y cuéntales cómo pueden ayudarte.[21] Para este enfoque de trabajo debes tener una buena relación con tus clientes, y ellos deben confiar en ti.

La motivación y el carácter del liderazgo, de lo que hablaremos extensamente en el próximo capítulo, «Encarna al general», es preciado por Sun Tzu. Los mejores líderes buscan el mayor interés de la gente que contribuye a sus éxitos, desde empleados y clientes a toda una variedad de socios.

PARTE TRES

PRINCIPIOS PARA EL CAMPO DE BATALLA

Los cuatro capítulos de esta parte se construyen a partir de lo esencial hasta ir entendiendo progresivamente a un Sun Tzu más avanzado. Nos centraremos en el carácter necesario para ser un líder y profesional exitoso de pequeñas empresas, de tal modo que puedas interiorizar muchos de los principios de Sun Tzu y aplicarlos. Este material presenta un nivel intermedio de comprensión de Sun Tzu para las pequeñas empresas.

7

ENCARNA AL GENERAL

A menudo Sun Tzu se estudia en el contexto del liderazgo, y por una buena razón. Él pide a su general que tenga atributos tales como la valentía, decisión, previsión, organización disciplinada, administración de los recursos y sensibilidad hacia el ejército. Esto se extiende al cuidado adecuado de los ejércitos derrotados, como vimos en el capítulo anterior. Sun Tzu no está singularmente preocupado por ganar las batallas que tiene delante. Como tú, le preocupa más la partida larga.

Sun Tzu ofrece mucho a los líderes que buscan superar los desafíos ante los que sucumben muchas pequeñas y medianas empresas, como fracasar a la hora de consolidar los beneficios, perder el enfoque, permitir que haya fragmentación dentro de las filas y administrar mal los recursos. Solo detrás de un líder fuerte una pequeña empresa puede ejecutar su estrategia global.

La palabra para «general», traducida como *j-iang*, significa cabeza del ejército. También se refiere a una posición oficial como un gobernador civil o un jefe de distrito. El *j-iang* de Sun Tzu era un administrador civil tanto de los asuntos civiles como militares. El término corresponde aproximadamente a un procónsul del Imperio

Romano. Aunque no hay un equivalente preciso en español, Huang dice que «general» es una interpretación aproximada.[1] Sun Tzu dice:

> El Comandante representa las virtudes de la sabiduría, la since-ridad, la benevolencia, el valor y la rigurosidad.

Nosotros observamos a Sun Tzu basándonos en estas virtudes.

VIRTUD 1: SABIDURÍA

La advertencia de Sun Tzu acerca de la sabiduría para el líder es amplia y significativa. ¿Estás siguiendo estos principios?

Maximizar los recursos

> El líder hábil somete las tropas del enemigo sin luchar; captura sus ciudades sin hacerlas caer bajo asedio; derroca su reino sin largas operaciones en el campo.

El sabio general aspira a ganar sin luchar. Este es un tema importante de *El arte de la guerra para la pequeña y mediana empresa*, y uno que probablemente desafía las ideas preconcebidas acerca de un libro sobre estrategia militar. ¿Cómo derrotas al enemigo sin luchar? La respuesta es haciendo el mejor uso de los recursos dentro de tu organización para derrotar los grandes presupuestos de tus adversarios. Si es posible, puedes adquirir a la competencia. Puedes innovar para llevarte a sus clientes, sin una sucia batalla. Usa mejores proveedores, y úsalos en exclusiva. Encuentra modos mejores y más baratos de sacar al mercado tu producto. Contrata a mejor personal y mantenlos más tiempo. Crea clientes eufóricos que no quieran ser cortejados por tus competidores.

Busca siempre elegir la estrategia que está más en línea con el consejo de Sun Tzu, y haz lo máximo con los recursos limitados de tu pequeña empresa. Las pequeñas empresas tienen un acceso sin precedentes a la publicidad de bajo coste o a opciones de mercadeo que puedan generar grandes retornos en la inversión para aquellos que las usan sabiamente. Los medios sociales tienen una influencia trascendental sobre las decisiones de compra de los consumidores. Igual que con todas las iniciativas, si usas estos recursos asegúrate de que estén integrados en el plan estratégico global para que toda la carne esté en el asador.

Además, cuando se trata de maximizar recursos, no cometas el error común de consumirte tanto con la adquisición de nuevos clientes que pierdas de vista la importancia de aprovechar al máximo a los clientes presentes y a los pasados. Este descuido costoso y torpe sucede demasiado a menudo, y las pequeñas empresas que buscan superar a todos los contendientes no se pueden permitir cometer este error y sacrificar cualquier adelanto que hayan obtenido.

Hacer un uso sabio de estos recursos es fundamental:

> He aquí el dicho: el gobernante iluminado dispone sus planes con anticipación; el buen general cultiva sus recursos.

Los líderes sabios no permiten que sus fuerzas pequeñas y débiles luchen mano a mano con grandes ejércitos:

> Cuando un general, incapaz de estimar la fuerza del enemigo, permite que una fuerza inferior se enzarce con una más grande, o lanza un destacamento débil contra una fuerza poderosa y descuida colocar soldados escogidos en primera línea, el resultado debe ser una derrota aplastante.

Proporciona los recursos adecuados

Los empleados de pequeñas y medianas empresas tienen que estar dispuestos a hacerlo lo mejor posible con recursos limitados.

Los homólogos más grandes tienen herramientas de *software* de empresa más sofisticadas y otras infraestructuras. A pesar de ser un jugador pequeño, es esencial que los líderes de pequeñas y medianas empresas les ofrezcan a sus equipos los recursos que necesitan para tener éxito, aunque sea una rentable aunque a veces incómoda mini-van en vez de un flamante y nuevo coche deportivo de categoría. Y los líderes tienen que escuchar a su gente cuando les dicen lo que necesitan. Sun Tzu dice que hay tres modos en que «un gobernante puede traer desgracia a su ejército». Uno de ellos es:

> Al ordenar al ejército que avance o que se retire, siendo igno-
> rante del hecho de que no puede obedecer. A esto se le llama
> poner trabas al ejército.

Tu organización debe tener los recursos necesarios para hacer lo que sus líderes pidan que haga.

Concebir planes indescifrables

Examinamos el consejo de Sun Tzu sobre cómo debes tratar a los empleados en el capítulo 3 «Entenderte a ti mismo». El líder fuerte usa sabiamente los recursos para asegurarse de que a su gente no se le pide que haga más de lo que es razonable. En vez de eso, guarda sus fuerzas para que esos recursos puedan utilizarse de una manera más eficaz. De este modo siempre será capaz de desarrollar planes a los que la competencia no se pueda adelantar:

> Estudia con precaución el bienestar de tus hombres, y no los
> cargues de tareas. Concentra tu energía y guarda tus fuerzas.
> Mantén a tu ejército en continuo movimiento, y concibe planes
> indescifrables.

Aprovecha la experiencia

La sabiduría se obtiene a través de la experiencia:

> Solo aquel que sea minuciosamente conocedor de los males de la guerra puede comprender minuciosamente el modo provechoso de continuarla.

Por supuesto, el general de Sun Tzu tiene experiencia. Si no tienes una profunda experiencia de tu dominio o estás entrando en un terreno que es tierra desconocida, la solución es trabajar con expertos que lo hayan hecho antes.

Con la experiencia viene la perspectiva. Cuanto más difíciles sean las situaciones con las que te has encontrado en los negocios, tanto mejor serás capaz de calibrar y adaptarte para el siguiente desafío.

Supera la ira

La batalla nunca debe lucharse por ego u orgullo. El general de Sun Tzu no es propenso a la ira:

> El general, incapaz de controlar su irritación, lanzará a sus hombres a un asalto como un tropel de hormigas, con el resultado de que un tercio de sus hombres sean matados, mientras que el pueblo permanece sin tomar. Ese es el desastroso efecto de un cerco.
>
> La ira puede cambiar con el tiempo hacia el contentamiento; a la irritación le puede suceder la satisfacción. Pero un reino que una vez haya sido destruido nunca puede volver a la existencia; ni se puede volver a traer a los muertos a la vida.

Los líderes sabios saben que sus decisiones tienen consecuencias y se comportan de acuerdo con ello. En la discusión de la virtud 5, rigurosidad, se subrayan otras emociones que pueden ser peligrosas para el general.

Paciencia perfecta

Mientras está motivado y es capaz de moverse a una velocidad de vértigo para alcanzar un objetivo, el general tiene la sabiduría de esperar la mejor oportunidad de derrotar al adversario:

> Cuando a consecuencia de fuertes lluvias en lo alto del país un río que deseas vadear esté crecido e inundado de espuma, debes esperar hasta que baje.

VIRTUD 2: SINCERIDAD

El liderazgo es un asunto serio, de hecho:

> El líder de los ejércitos es el árbitro de los destinos de la gente, el hombre del que depende si una nación estará en paz o en peligro.

Sé consecuente

Los líderes sinceros son consecuentes. Los líderes que titubean en las decisiones y prioridades levantan dudas entre su gente, aunque esas tendencias son muy comunes entre muchos negocios crecientes. Honrar tu palabra es una señal de sinceridad. Algunos líderes pierden de vista la importancia de mantener los compromisos y hacer lo que dicen que van a hacer.

Cuando Jerry Murrell empezó la cadena de hamburgueserías Five Guys todavía tenía trabajo. Incapaz de conseguir un préstamo de una institución financiera, acudió a cien amigos y conocidos y le pidió a cada uno préstamos de entre 10.000 y 30.000 dólares. A cambio, recibirían altos intereses y el compromiso de Murrell de pagarles siempre a tiempo todos y cada uno de los meses.[2] Detalles como ese son importantes para tu pequeña empresa. También lo son los amigos.

Acerca de ser consecuente y mantener la palabra, Jason Cohen, presidente de la ILM Corporation, gerente de gestión, escaneo, entrada y documentación de datos, y servicios de oficina para pequeñas empresas, dice: «Viene de tu madre. Y ella dice que cuando le digas a alguien que vas a hacer algo, lo hagas». Esta regla se aplica a empleados, vendedores, clientes y posibles clientes, dice. Mantén tu palabra.[3]

Únelos alrededor de una causa

El ejército nunca debería cuestionar la convicción de su líder. Más bien, debe concentrar las fuerzas hacia su causa. Para Sun Tzu, un método de unidad está en las nefastas consecuencias de la pérdida:

> Coloca a tus hombres en posiciones donde no haya escapatoria y preferirán la muerte a la huida. Si deben enfrentarse a la muerte, no hay nada que no puedan conseguir. Los oficiales y los hombres del mismo modo extenderán su fuerza hasta lo máximo posible.

En el capítulo 10 exploraremos más profundamente las ideas de Sun Tzu acerca de la unidad.

Comprender la paradoja de la sinceridad

Hay un aspecto de la sinceridad en Sun Tzu que, al principio, parece contradictorio:

> Debe ser capaz de desconcertar a sus oficiales y hombres por medio de falsos informes y apariciones, y de este modo mantenerlos en total ignorancia.

Este pasaje desafiante e incluso desalentador viene de una sección acerca de cambiar los planes y evitar que el enemigo conozca tu próximo movimiento. Huynh lo explica como el deseo de impedir que los soldados conozcan la estrategia global del general. Al mantenerlos en «total ignorancia», el general aísla a sus soldados de los problemas específicos y las complejidades que enfrenta como líder. Pero esto también es un acto de benevolencia, porque les libera para que se concentren totalmente en sus papeles individuales, que son esenciales para la ejecución prescrita. Piensa en cómo liberar a tu gente de las cargas de alto nivel impactará positivamente en su rendimiento. Evita que se carguen de cuestiones por las que no tienen que preocuparse, o que solo les confundirán, les estorbarán o les drenarán la moral.[4]

Huang explica que nuestra comprensión moderna de este impulso de mantener a los guerreros y los soldados en la oscuridad, en sentido figurado, representa un problema en su significado. No significa «engañarlos», sino que requiere una completa calibración de la acción, cree él.[5]

Aunque el director ejecutivo de Guidewire Software Marcus Ryu no ha sugerido engañar a su gente, ha notado una dinámica de las comunicaciones que arroja luz sobre este aspecto de Sun Tzu. Como señala en una entrevista con el *New York Times*, cuando comunicas algo a un gran grupo de gente, incluso a gente muy inteligente, tienden a parecer más «bobos» en un grupo grande. Con una audiencia más grande el mensaje debe ser simple y breve, dice Ryu.[6]

VIRTUD 3: BENEVOLENCIA

Lejos de ser belicista, Sun Tzu pide a su general que se gobierne por la justicia:

> Es trabajo de un general estar tranquilo, y por lo tanto asegurar el secretismo; ser honrado y justo, y por lo tanto mantener el orden.

En una demostración de benevolencia que también beneficia al general, Sun Tzu anima a cuidar de los soldados capturados:

> Los soldados capturados deben ser tratados y atendidos amablemente.

Del mismo modo, los empleados de tus competidores, presentes y pasados, pueden tener algo de valor para ti.

La gente en las trincheras que hace que el éxito tenga lugar debe ser recompensada:

> Ahora, para matar al enemigo, a nuestros hombres se les debe suscitar a ira; eso debe ser una ventaja para derrotar al enemigo, deben tener su recompensa.

La rectitud es importante para Sun Tzu, pero fíjate en que la disciplina va a la par de la humanidad en este pasaje. Los líderes son inteligentes si recuerdan esta orden:

> Los soldados deben ser tratados en primera instancia con humanidad, pero mantenidos bajo control por medios de férrea disciplina. Este es un camino indiscutible para la victoria.

Comprueba tus motivaciones

Sun Tzu reconoce que «la guerra es una empresa costosa». El benevolente general mantiene una saludable perspectiva mayor que él mismo:

> Ser parco con posiciones, compensaciones o cientos de libras de oro, y por lo tanto cegados ante el estatus del enemigo, es ser extraordinariamente inhumano.[7]

Los líderes no deberían permitir que su preocupación por las ganancias personales ensombrezca su deber de comprender al enemigo. Como leeremos en el capítulo «Engaño», los espías, además, no deben ser usados para el beneficio personal, sino para hacer avanzar los objetivos estratégicos del ejército.

VIRTUD 4: VALOR

Los líderes fuertes tienen suficiente valor para mantener a su gente centrada en el objetivo. Son capaces de aprovechar el poder de sus equipos para posibilitar la victoria decisiva.

Maximiza la energía

Como ya discutimos, maximizar los recursos y proveer a tu equipo de las herramientas, procesos e infraestructuras requeridas es necesario para que las pequeñas empresas tengan éxito. Extendiendo esta idea más allá, el extraordinario general aprovecha al máximo la energía de sus fuerzas. He aquí lo que Sun Tzu dice acerca de este importante concepto:

> El combatiente inteligente busca el efecto de la energía combinada, y no requiere demasiado de los individuos. De ahí su

capacidad para escoger a los hombres adecuados y utilizar la energía combinada.

La planificación y la firmeza son esenciales para maximizar la energía:

La energía puede compararse con la flexión de una ballesta; la decisión, con la liberación de un gatillo.

La pregunta para el líder es: ¿cómo estás preparando la ballesta y tomando poderosas decisiones que equivalen a la liberación de un gatillo?

Las decisiones acertadas actuaron de forma decisiva a conducir más rápido hacia la victoria, lo que es importante para las pequeñas empresas que necesitan gestionar bien sus recursos:

En la guerra, pues, haz que tu gran objetivo sea la victoria, no las largas campañas.

Los líderes exitosos toman decisiones y dirigen operaciones preguntándose: ¿esta acción fomentará nuestros objetivos? Y si es así, ¿cómo? ¿Nos conseguirá dinero? Si la actividad no está enfocada a ganar, el líder no seguirá adelante con ella. Él mantiene a todo el mundo unido por medio de las mismas metas y aspiraciones:

Cuando los hombres están unidos, los valientes no pueden avanzar solos, los cobardes no se pueden retirar solos. Estos son los principios para emplear a un gran número de tropas.[8]

VIRTUD 5: RIGUROSIDAD

Sun Tzu tiene mucho que decir acerca de las disciplinas necesarias para que un ejército se encuentre con el éxito. Controlar un gran ejército requiere la observancia de los mismos principios que requiere controlar una fuerza pequeña.

Jerarquía

La jerarquía y la estructura son componentes fundamentales de la rigurosidad.

> Por método y disciplina se debe entender la ordenación del ejército en sus adecuadas subdivisiones, las graduaciones de rango entre los oficiales, el mantenimiento de las carreteras por las cuales deben llegar las provisiones al ejército y el control de los gastos militares.

Así es como se conduce incluso una gran fuerza.

> El control de una fuerza grande es el mismo principio que el control de unos pocos hombres: es una mera cuestión de dividir su número.

Los rasgos de la jerarquía y la uniformidad son evidentes en este pasaje:

> Cuando el general es débil y no tiene autoridad; cuando sus órdenes no son claras ni distinguibles; cuando no hay deberes fijos asignados a los oficiales y a los hombres, y los rangos están constituidos al azar, el resultado es una consabida desorganización.

Esto, además, nos habla de la importancia de la uniformidad y de la claridad si la gente debe responder a la dirección de una manera predecible y eficaz:

Si en el entrenamiento de los soldados se hacen cumplir las órdenes de forma habitual, el ejército estará bien disciplinado; si no, su disciplina será mala.

Si una pequeña empresa va a sacar provecho de sus ventajas competitivas, las órdenes y los roles deben estar claros. Pero los líderes nunca deben confundir la apertura, la trasparencia y la colaboración con una estructura plana ineficaz que acarree decisiones lentas y una débil y nebulosa cadena de mando.

Cinco fallos peligrosos

Sun Tzu nos habla de cinco fallos peligrosos que pueden obstaculizar a un general:

1) *Imprudencia, que lleva a la destrucción*
2) *Cobardía, que lleva a la captura*
3) *Un temperamento precipitado, al que se puede provocar por insultos*
4) *Una fragilidad en el honor que es sensible a la vergüenza*
5) *Un exceso de preocupación por sus hombres, lo que le expone a la ansiedad y la angustia*
    Estos son los cinco grandes pecados de un general, ruinosos para la gestión de la guerra.

Si eres imprudente, cometerás errores, iguales que los que quieres que cometa el enemigo. Si eres cobarde, la gente buena no confiará en ti, ni trabajará contigo, ni para ti. Ser irascible provoca errores y hace entrar en batalla por las razones equivocadas.

Una fragilidad en el honor también te llevará a luchar las batallas equivocadas por razones erróneas. Una sensibilidad excesiva hacia la gente que trabaja contigo impedirá que los lideres y que tomes decisiones difíciles.

A pesar de la dificultad y del negocio sangriento de liderar a las tropas hacia la batalla, Sun Tzu pone el papel del general, y el del gobernador ilustrado, en perspectiva. Este pasaje aparece al final de un capítulo sobre cómo atacar y destruir con fuego, impartiéndonos la sabia perspectiva de Sun Tzu:

> El gobernante ilustrado es cuidadoso, y el buen general está lleno de precaución. Este es el modo de mantener un país en paz y un ejército intacto.

Tal vez la más contundente de todas las observaciones de Sun Tzu acerca del carácter del general es esta frase, que usaremos para concluir este capítulo:

> El general que avanza sin codiciar la fama y se retira sin temer la desgracia, cuyo único pensamiento es proteger a su país y hacer un buen servicio para su soberano, es la joya del reino.

8

PERSEVERANCIA

Los emprendedores saben lo que significa fracasar. Pero aquellos que tienen éxito son los que perseveran para ganar las siguientes batallas. La gente que lidera pequeñas y medianas empresas debe superar muchos desafíos, y deben aguantar la mirada y superar la derrota. La perseverancia, por supuesto, es un diferenciador primordial entre las pequeñas empresas exitosas y todos los demás. También es esencial en Sun Tzu.

Para el sabio, incluso el ejército más desaventajado puede tener éxito con el espíritu correcto. Nos dirige a convertir la desventaja en ventaja y a no perder la oportunidad de derrotar al enemigo. Cuando llegan las dificultades, las pequeñas y medianas empresas no tienen los recursos para esperar a que pasen. Debemos pasar a la acción, y estamos bien aconsejados para seguir los principios de Sun Tzu.

La perseverancia ha sido la consigna de los emprendedores desde las primeras personas decidieron que iban a encontrar o a construir algo, y después venderlo. La literatura de éxito que empezó en la primera mitad del siglo veinte trata acerca del empeño. Ningún estudio de Sun Tzu, ni ningún campeón de las pequeñas empresas, se sirve sin un examen de perseverancia.

Noah Thomas Leask, presidente y director ejecutivo de ISHP, una empresa de información tecnológica que sirve en el sector de la seguridad digital y la defensa, lo explica de este modo: «No subestimes la cantidad de esfuerzo, perseverancia y disciplina que se necesita para tener éxito. No puedo decirlo más claro. Habrá problemas y debes estar preparado mental, física y espiritualmente para lidiar con ellos. Si estás comenzando un negocio para hacerte rico y trabajar menos, estás yendo por el camino equivocado. Uno debe trabajar en disfrutar del viaje, no pensando en el destino. Los buscadores de riqueza nunca la alcanzan».[1]

La caracterización de Leask es similar a la de la preciosa «joya del reino» descrita en el capítulo anterior.

DISPOSICIÓN PARA TOMAR VENTAJA

Aquí está uno de mis pasajes favoritos de Sun Tzu, y creo que es uno que todos los guerreros de pequeñas empresas deberían tener grabado en sus mentes:

> Si, por otro lado, en medio de las dificultades estamos siempre preparados para tomar ventaja, lograremos salir de la desgracia.

Siempre debemos estar preparados para sacar la victoria de la derrota, y preparados para soportar cualquier desgracia. La gente detrás de negocios en centros comerciales comprende la adversidad. Están acostumbrados a que las cosas se pongan en su contra. Pero más allá de eso, necesitas estar preparado para lo inesperado de tal modo que tu equipo pueda convertir la desventaja en ventaja. Una dificultad económica proporciona un buen ejemplo de este principio. Si tus competidores están en problemas, puede que quieran tomar el camino más corto; ir por las ganancias a corto plazo a expensas de las de largo plazo; tomar decisiones precipitadas y reaccionarias; y perder la perspectiva global. ¿Cómo puedes usar esta situación para tu ventaja?

El experto en mercadeo y escritor Jay Abraham cree que las compañías orientadas estratégicamente que están preparadas para tomar ventaja tienden a capturar entre quince y veinte por ciento de los mejores compradores de sus competidores durante los tiempos difíciles. Al tomar una estrategia centrada en el crecimiento, estos negocios capturan la gran mayoría de clientes nuevos del mercado, incluyendo a aquellos que previamente no habían tenido la necesidad de este producto o servicio. Así que, explica él, si estás posicionado para tomar ventaja de la adversidad, como en una economía a la baja, puedes atraer a todos los nuevos compradores del mercado. Combina esto con ese quince a veinte por ciento aproximado de los mejores compradores más rentables y repetitivos que solían comprar a tu competencia, y podrás doblar lo que podrías conseguir, incluso en un mercado fuerte.[2]

Hay algunas advertencias a la hora de estar preparado para tomar ventaja, sin embargo. Requiere valor, tenacidad y previsión estar preparado para resistir. Requiere reconocimiento cuando hay problemas, y un ímpetu proactivo para superarlo, no para ser una víctima de ello. En mi formación de autodefensa y de lo que he observado en otros, he visto dos clases de personas. Y estas dos categorías abarcan tanto a principiantes relativos como a otros con una formación importante en su haber. El primer tipo de personas no vive con la conciencia de que alguna vez serán las víctimas de un ataque o un asalto, y no estarán nada preparados si alguna vez les sucede un incidente así. Desprevenida, esta persona será una víctima más que dócil. El segundo tipo es aquella gente que vive y se entrena como si su vida dependiera de ello, porque creen que un suceso de esta clase puede ocurrir. Comprenden que alguien, en algún momento, puede intentar hacerlos víctima de un delito violento, y se niegan a aceptarlo.

Un grupo internaliza la premisa de que ser atacados es una posibilidad y, dispuestos a tomar ventaja, no serán derrotados. Lo mismo es cierto para los líderes de pequeñas empresas. Si comprendes las amenazas a las que te enfrentas, y estás preparado para ellas, serás capaz de gestionar la desventaja. Si estás preparado para convertir la adversidad en ventaja, puedes y podrás eximir a tu organización del desastre.

Parte de la disposición es haber tomado una posición que evita que seas atacado con éxito. El enemigo vendrá, pero tú puedes controlar tu preparación:

> El arte de la guerra nos enseña a descansar no en la probabilidad de que el enemigo no venga, sino en nuestra disposición para recibirle; no en la posibilidad de que no ataque, sino más bien en el hecho de que nosotros tengamos una posición inatacable.

Sun Tzu nos dice que la adversidad puede ser una fuerza positiva, no solo para perseverar, sino para reinar triunfantes. Presta atención a esta guía acerca del valor estratégico de la desventaja:

> Es precisamente cuando una fuerza ha caído en el camino del peligro que es capaz de dar un golpe para la victoria.

MANTÉN UN ENFOQUE POSITIVO

Si eres capaz de inspirar y mantener una perspectiva positiva en tu organización, irás bien para crear las condiciones necesarias para asestar «un golpe para la victoria». Una reacción común ante la adversidad es la desunión y la falta de armonía, lo que conduce a la conmiseración y a la negatividad entre la gente. La positividad en el liderazgo es particularmente importante durante estos tiempos. Los equipos pueden superar desafíos aparentemente insuperables cuando se les alienta a que su lucha merece la pena y se puede conseguir el éxito:

> Cuando el ejército está cansado y receloso, es seguro que vengan problemas de otros príncipes feudales. Esto simplemente es traer anarquía al ejército y alejar la victoria.

El cansancio, la desconfianza y otras formas de negatividad deben ser enfrentadas y superadas. Son una enfermedad que se expandirá con malicia a lo largo de una pequeña empresa. En vez de eso, los líderes fuertes crean una cultura de positividad y triunfo, incluso en la faz de la adversidad, y la gente confía en que ellos los conduzcan a la victoria.

Marcus Ryu, director ejecutivo de Guidewire Software, cofundó la compañía de *software* de seguridad industrial en 2001, poco después de la burbuja puntocom y el 11-S. Reconoce que era un momento contradictorio para comenzar una compañía. Como tal, un principio fundador era abrazar la adversidad y la dificultad. Le dijo al *New York Times* que la gente que había detrás de Guidewire Software buscaba hacer de eso una prueba más de su capacidad para resolver problemas difíciles para los clientes.[3] Hoy Guidewire Software cotiza en la Bolsa de Nueva York.

El optimismo hacia el futuro es una de las cosas primordiales que los equipos quieren y necesitan escuchar de sus líderes, dice Ryu. Quieren honestidad, pero en realidad también quieren esperanza para el futuro, un mensaje como: «Me presento ante ustedes. Estaré aquí todo el tiempo. Tenemos algunos desafíos. Estaremos a la altura», dijo él.[4]

El líder que conduzca al equipo a la victoria a pesar de estar, como dice Sun Tzu, «en medio de dificultades», sabe que su mensaje tiene que ser expresado no una ni dos, sino una y otra vez, constantemente.

SABE CUÁNDO LUCHAR

Discernir cuándo luchar y cuándo escaparse y evitar la batalla para un día más ventajoso con mejores circunstancias es la quintaesencia de Sun Tzu. A veces, como en un terreno desesperado o rodeado, luchar es necesario. Otras veces es tu ventaja enzarzarte.

En terreno desesperado se requiere acción inmediata. Recuerda:

Terreno en el que solo podamos salvarnos de la destrucción por medio de la lucha sin demora es terreno desesperado.

Como Felix Dennis sacó en conclusión de su «victoria» sobre Ziff Davis, y la consiguiente carnicería (como se mencionó en el capítulo 2): «Mi consejo sobre la competencia siempre es asegurarte de que *quieres* luchar, y *debes* luchar en un terreno de un competidor más grande. Si él está ansioso por comprarte, y está determinado a aparcar sus tanques en tu césped, quizá debas dejarle. *Por el precio adecuado*».[5]

Para jugadores más pequeños, Dennis aconseja: «Si tu competidor es más pequeño, intenta contratarle, comprarlo o unirte a él. Si no cede, toma medidas drásticas y aplástalo. Si eso no funciona, entonces aprendan a ser amigos y confabulen juntos contra los mamuts lanudos. Pero no pelees contra los tigres, mi amigo. No si quieres hacerte rico».[6]

Sun Tzu nos da una pertinente prueba de fuego sobre cuándo enzarzarnos en una batalla y cuándo abstenernos. Esto, también, es un auténtico mandamiento para los líderes de pequeñas empresas:

No te muevas a menos que veas una ventaja; no uses tus tropas a menos que haya algo que ganar; no luches a menos que la posición sea crítica.

En este pasaje de aquí arriba vemos la culminación de la percepción, la comprensión y el autocontrol que el fuerte general usa para discernir cuándo una batalla es ventajosa. Aquí Sun Tzu proporciona dirección acerca de cómo encontrar una salida de una mala posición:

Si no queremos entrar en batalla, incluso si nos limitamos a trazar una línea en el suelo, él no entrará en batalla, porque desviaremos sus movimientos.[7]

DYSON INC.

En una visita a Europa Occidental recuerdo haber usado lavabos públicos en Londres, París e Italia, y en cada uno de ellos sentirme sorprendida por un poderoso y eficiente secador de manos. De verdad, son cosas que provocan una impresión duradera. Durante años me he preguntado por qué nadie había sido capaz de dar con la tecnología para *secar* de verdad las manos del cliente en una cantidad razonable de tiempo. A causa de mi aversión a tocar los tiradores de las puertas de los lavabos, a menudo uso las toallas de manos pasto de la incineradora. Imagina mi gozo al descubrir el Airblade, la invención de Dyson. Este secador sin aspas externas seca las manos en diez segundos en vez de en cuarenta, y usa menos de un cuarto de la energía.[8] Después de todo, la velocidad es importante. Como dijo sarcásticamente hace décadas Jerry Seinfield al usar un «soplador de manos» en el lavabo de caballeros: «Me gusta el soplador de manos, tengo que decirlo. Tarda un poco más, pero creo que si estás en una habitación con un hedor nauseabundo quieres pasar allí todo el tiempo que puedas».[9]

La mayor parte de emprendedores tienen fascinantes historias acerca de vencer la adversidad. Pero la de Sir James Dyson se lee como la gran historia de éxito de un inventor. Finalmente obtuvo un concepto de aspirador vendible después de 5.126 intentos y quince años de prácticas. Mereció la pena en un sentido muy real, puesto que hoy él está entre los más ricos de Inglaterra y Dyson es el mayor vendedor de aspiradores, por ingresos, en Estados Unidos.[10]

Pero, al igual que con la mayoría de creadores, el éxito no fue exactamente una conclusión inevitable. Dyson gastó casi la totalidad de sus ahorros en desarrollar su creación transparente y sin bolsa. Además de la deuda, la frustración y la «monótona» cantidad de especialistas que se enfrentaban a él buscando derribar sus ideas basándose en sus experiencias específicas, el precio del éxito incluyó demandas.[11]

Dyson piensa favorablemente acerca del fracaso y cree que debería ser más celebrado, incluso en las escuelas. Los creadores de pequeñas empresas necesitan ser capaces de manejar las críticas, y deben estar dotadas de humildad, curiosidad, determinación y la voluntad de ensayar y errar. Después de todo, dijo a *Entrepreneur*, «Si quieres hacer algo diferente, tendrás que vértelas con un montón de detractores».[12] Los innovadores del mundo le dan toda la razón.

Los competidores, naturalmente, siguieron al exitoso Dyson, y otros fabricantes comenzaron a comercializar sus propios aspiradores ciclónicos. Dyson demandó a los rivales, incluyendo a Hoover, por violación de patente. La compañía ganó más de seis millones de dólares en la demanda contra Hoover. De este modo, y a través de una innovación persistente, Dyson ha mantenido al enemigo en movimiento.[13]

PRICELINE

Priceline tenía todas las características de una de las mayores tragedias de las caídas en desgracia de las puntocom.

Entró en funcionamiento en 1998, cuando montones de puntocom, incluyendo a muchos de mis clientes, se iban quedando sin todo ese dinero que había estado creciendo en los árboles y dispersándose por el bosque, cayendo tanto en tierra fértil como yerma. Probablemente recordarás los primeros y muy visibles días del servicio para billetes de avión de Priceline «Name Your Own Price» [Ponle tú el precio]. Antes siquiera de sacar provecho en los tiempos pasados, la puntocom se había expandido a gasolineras, tiendas de alimentación, seguros, hipotecas, servicios telefónicos de larga distancia y venta de coches nuevos. Con estas iniciativas infructuosas Priceline perdió 1.100 millones de dólares en 1999 y en 2000 sus acciones cayeron desde los 974 hasta los siete dólares.[14]

Pero el viaje de Priceline no terminó ahí. El despegue comenzó en 2002, cuando Jeffery Boyd fue ascendido de consejero general a director ejecutivo. Llevó a Priceline de unas pérdidas de diecinueve millones de dólares en 2001 a unos beneficios de 1.100 millones de dólares en 2011, haciendo de ella una de las compañías de Fortune con mayor crecimiento en Estados Unidos.[15]

A pesar de las caídas anteriores y de las posteriores, el enorme activo que Priceline tenía era una excelente capital de marca, debido en gran medida a la asociación de la compañía con William Shatner en sus populares comerciales de televisión. (Si no estás seguro de quién es Shatner, no eres suficientemente mayor como para leer las secciones sobre Samuel Adams o el *bourbon*).

Para sacar a Priceline de su abatimiento, Boyd volvió a centrarse en los asuntos de viajes, expandiéndose a las reservas de hotel. Aunque Priceline obtuvo sus primeras ganancias en 2003, el verdadero cambio sucedió en 2004 y 2005, cuando la compañía adquirió dos páginas de reservas de hotel en Reino Unido y Ámsterdam, respectivamente. Estas compras han sido las responsables de gran parte del crecimiento de Priceline y de su éxito bursátil, haciendo de ellas una de las mejores adquisiciones en la historia de Internet.

El mercado europeo para los servicios de viajes en línea tiene un espacio considerable para el crecimiento, y Priceline se está aventurando ahora hacia Asia, además.[16]

9
ENFOQUE

Aquellos que han trabajado para y en una pequeña o mediana empresa lo saben muy bien. Muy a menudo una cultura menos estructurada e incluso esporádica puede conducir a una falta de enfoque y a una pobre disciplina organizativa. Su génesis es entendible, arraigada en la precipitación y en el cambio constante que se necesita para seguir en lo alto y liderar el pelotón. Pero como sabemos también, esta situación trae con ella algunos subproductos no bienvenidos que estorban a las pequeñas empresas y nos fuerzan a ponernos al día constantemente, duplicar esfuerzos o perder el tiempo. Sun Tzu demandaba a sus ejércitos un enfoque en un solo propósito para tener éxito. Las pequeñas empresas necesitan este enfoque, también, si van a dominar el mercado. Si ese es tu objetivo, harás bien en implementar algunas de las instrucciones de Sun Tzu acerca de cómo desarrollar y mantener una organización enfocada.

Los pequeños jugadores tienen mucho que perder si no centran sus recursos limitados en las prioridades estratégicas. Ya sea el lanzamiento de un producto, el arranque de una nueva división o desvelar una campaña de mercadeo, es importante hacerlo bien.

Aun así, demasiadas ideas fracasan debido a un lanzamiento lento, una toma de decisiones estancada o una confusión general del propósito. La ventaja de las pequeñas empresas debería ser rapidez en el consenso y/o en la toma de decisiones, una veloz movilización y logro de objetivos. Es la pequeña empresa desafortunada la que abandona esta ventaja y pierde el tiempo retorciendo ideas y rasgos en un esfuerzo por conseguir un nirvana en la salida al mercado. No te quedes estancado. Construye, lanza y estima la reacción del mercado. Permanece siempre enfocado en los objetivos del negocio.

LA LARGA PARTIDA

La precisión del enfoque disciplinado es necesaria para los grandes resultados. Es fácil distraerse del camino, pero los que no lo hacen tendrán una clara ventaja sobre todos los demás en resultados cohesivos y de largo alcance:

> Cuando se invade territorio hostil, el principio general es que penetrar profundamente trae cohesión; penetrar pero en corta medida significa dispersión.

Convertirse en el jugador dominante en la partida larga requiere prever dónde sucederán las batallas y la capacidad de movilizar las fuerzas hacia la victoria:

> Conociendo el lugar y el tiempo de la batalla que se avecina podremos concentrarnos desde la mayor distancia para luchar.

Del enemigo, Sun Tzu dice:

> Si prepara la vanguardia la retaguardia será débil, y si la retaguardia, su vanguardia será frágil. Si prepara la izquierda, su

derecha será vulnerable y si la derecha, tendrá pocos en su izquierda. Y cuando prepara todos los flancos será débil en todos ellos.[1]

El líder de una pequeña o mediana empresa totalmente centrado tiene pocas vulnerabilidades que defender. Cuanto mejor te centres, menores serán tus campos de batalla. Y cuanto mayor sea la profundidad de tu enfoque, mejor y con mayor precisión serás capaz de planear estrategias incluso a largo plazo.

ACTÚA EN LAS VICTORIAS; CONSOLIDA RECURSOS

Este pasaje es uno de los principios cardinales de *El arte de la guerra* para la pequeña y mediana al que deben aferrarse las pequeñas empresas. Es tan importante porque a menudo se abandona:

> Ahora bien, ganar batallas y capturar tierras y ciudades pero fracasar al consolidar estos logros es ominoso y puede describirse como una pérdida de recursos y tiempo.[2]

La traducción de Huynh es más clara y tiene palabras más duras:

> Si uno obtiene la victoria en la batalla y tiene éxito en los ataques, pero no explota esos logros, es desastroso.

Mi experiencia ha sido que este pasaje da en el clavo de uno de los únicos errores más costosos y perjudiciales que los profesionales de las pequeñas empresas cometen. A causa de su corta visión, de cambios en la dirección y de los recursos limitados, las pequeñas empresas también obtienen victorias grandes y pequeñas, pero no aprovechan completamente esas oportunidades. Como profesional del mercadeo he visto repetirse la misma escena en múltiples organizaciones. Las ferias son un lugar común en donde a las compañías de todos los tamaños se les va la cabeza. Estas reuniones son unos gastos considerables para las organizaciones, requiriendo recursos de personal y acarreando enormes costes para el diseño y la producción de las casetas de exhibición. Añade la financiación y otros factores, y las ferias pueden vaciar el bolsillo de un expositor en decenas de miles de dólares de golpe. Pero las ferias son también una tremenda oportunidad para interactuar con los socios más poderosos, los clientes y los futuros compradores. Entonces, ¿cuál es el problema?

Muchas veces veo al personal de feria intentando atrapar sin rumbo fijo «contactos» como si fueran billetes de cien dólares volando en un túnel de viento. Los agarran y los amontonan en una urna o en una base de datos. Pero como sabe cualquiera que sea observador y haya trabajado en una caseta más de unos minutos, no todos los contactos son valiosos. Por supuesto, dejarás la muestra con un bonito botín de supuestos contactos, pero sin ninguna idea de cuáles están bien cualificados para su inmediato seguimiento. Los contactos de la vida real pueden enfriarse rápidamente si los posibles clientes esperan, tarjeta de crédito en mano, a un vendedor... que se retrasa en la llamada porque está viviendo en la miseria esperando buenas oportunidades. Este es un ejemplo de fracaso a la hora de explotar los logros. Pero puede ser peor. Las rotaciones en los profesionales de ventas y otros errores de gerencia en los contactos de las ferias que tanto has trabajado por conseguir, y con tarificación adicional, son otras tristes historias que terminan en tiempo, esfuerzo y dinero perdido.

Sobre el tema de los profesionales de ventas, pueden ser una bendición o una maldición para las pequeñas empresas. Algunas organizaciones contratan, recompensan y retienen a los profesionales eminentemente cualificados. Otras parecen tratar a los vendedores profesionales como calcetines viejos. Rotar en exceso a los vendedores no es un modo de construir un negocio ni de consolidar las ganancias. Y si esa práctica describe tu organización, hay muchas probabilidades de que el problema no esté en el personal de ventas, sino en tu proceso de selección y formación, y en cómo los retienes y los recompensas.

He estado presente en bastantes reuniones ejecutivas de pequeñas y medianas empresas donde los líderes, que deberían tener mejores cosas que hacer, ponían objeciones a los detalles mundanos que no tenían absolutamente ninguna importancia en el resultado final y que no hacían ganar al negocio ni un dólar. Estas prácticas absorben tiempo y energía de la gente inteligente. Y eso está muy mal, porque las pequeñas empresas necesitan desesperadamente hacer uso del tiempo y la energía de toda su gente, especialmente de los más inteligentes.

La distribución y los problemas de reparto son una manera demoledora de fracasar a la hora de explotar los logros. (Recuerda la historia de Airwalk en el capítulo 5, «Entender el mercado»). Se requiere concentración para consolidar las ganancias que se ha luchado por obtener.

EXTIENDE EL CONOCIMIENTO A TRAVÉS DE LA ORGANIZACIÓN

Esparcir y reagrupar fue la estrategia que Sun Tzu aconsejó al general Wu Zixu desplegar para pillar desprevenido al poderoso estado Chu. De esto dice:

> Las fuerzas consiguen misiones con la imprevisibilidad, toman medidas para aprovechar las ventajas, y crean diversidad esparciendo y reagrupando.[3]

Las grandes e incluso las medianas empresas a menudo se describen como un silo. Las unidades empresariales a menudo trabajan independientemente, sin ser conscientes de lo que sucede en el resto de la organización. Pero como saben las fuerzas de las pequeñas empresas, los silos no solo se aplican a los grandes. Las firmas consultoras de negocios y tecnología también son notorios silos. Aquellos que ofrecen servicios al gobierno son los más culpables de todos. Los consultores a menudo trabajan con contratos a largo plazo para apoyar a una agencia gubernamental. A menudo se encargan del cliente en el sitio y se incrustan en la cultura de esa agencia. Identifican su trabajo con el de esa agencia tanto o más que con el de la compañía que los tiene contratados. Esto es extraordinario para las relaciones con el cliente, pero crea una barrera a la hora de compartir la información, las innovaciones y las lecciones aprendidas con el resto del negocio. Esta situación crea insuficiencias y focos de conocimiento insular.

En los años en que trabajé con contratistas gubernamentales en el área de Washington D.C. sé de uno en particular que trabajaba para romper ese modelo cercado. Este contratista de inteligencia y defensa, como muchos de sus compañeros, prefiere el amparo del anonimato. La compañía realiza un esfuerzo coordinado y fructífero para extender la experiencia y el conocimiento obtenidos en un proyecto y por una agencia a otros proyectos y clientes. Una vez al trimestre se reúne a todos los empleados y pasan el día compartiendo las mejores lecciones aprendidas, las innovaciones y metodologías que pueden adaptarse y aplicarse a otros clientes. Una vez al año la compañía convoca una conferencia interna a gran escala para el mismo propósito.

Estas sesiones restan tiempo de los clientes. Las horas requeridas en las sesiones no son facturables, como tampoco el tiempo empleado en el viaje. Pero esta firma entiende que reunirse y después distribuir equipos aun mejor informados de nuevo a los puntos de trabajo de los clientes hace empleados más fuertes y clientes más felices. Y, lo más importante, contribuye a una organización más poderosa y dinámica en un campo de juegos altamente contendiente y competitivo. Esta es una práctica rara y encomiable que más consultores y otras organizaciones harían bien en emular.

EL ENFOQUE REDUCE LOS ERRORES

Permanece firmemente fijado en tus objetivos y en las estrategias que te conducirán a la victoria, y abandona actividades auxiliares. Esta nitidez contribuirá poderosamente a una toma de decisiones más fuerte y a la reducción de errores:

> Lo que los antiguos llamaban un luchador inteligente es aquel que no solo gana, sino que sobresale en ganar con facilidad.

De su estándar para conseguir la victoria, Sun Tzu dice:

> Él gana sus batallas sin cometer errores. No cometer errores es lo que consolida la certeza de victoria, por cuanto significa conquistar a un enemigo que ya está derrotado.

DETECTA EL DESORDEN DEL ADVERSARIO

> Disciplinado, espera por el desorden; en calma, espera por el clamor.[4]

Al ejercitar la paciencia y la observación, y teniendo suficientes recursos y perspectiva para esperar, los profesionales perspicaces de pequeñas empresas pueden detectar desorden y clamor entre sus competidores. O, en el caso de Chobani, por ejemplo, puedes entrar en un mercado que no está preparado para ti y llenar un hueco no detectado previamente.

MANTÉN AL ENEMIGO EN MOVIMIENTO

Este es un concepto que Sun Tzu repite constantemente. Estira tus recursos mientras mermas los de tu adversario, y aprovecha la posición superior manteniendo a la competencia insegura y en movimiento. La indicación de Sun Tzu para fuerzas pequeñas es algo a lo que deberían prestar atención todos los líderes de pequeñas y medianas empresas::

> La debilidad numérica viene de tener que prepararse contra posibles ataques; la fuerza numérica, de obligar a nuestro adversario a hacer esos preparativos contra nosotros.

Al empujar a tu adversario a que siempre esté preparándose para un ataque que puede venir de ti, mantienes a la competencia insegura. Las acciones legales son un medio público para hacerlo, y a menudo son necesarias para proteger la propiedad intelectual. Una vez que James Dyson tuvo éxito con su concepto de aspirador sin bolsa, otros comenzaron a vender los suyos propios; él los demandó por violación de patente y ganó.[5]

Repletas de la infraestructura y los recursos necesarios, las grandes organizaciones a menudo son bastante inteligentes al mantener a la competencia en movimiento. Después de que Samuel Adams saliese a la luz en 1996, Anheuser-Busch (ahora Anheuser-Busch InBev) entró a la ofensiva. El gigante cervecero emitió anuncios acusando a Samuel Adams de hacer cerveza fuera de Boston y asegurando que el fundador Jim Koch era un farsante. Koch respondió asegurándose una orden de cese y suspensión del Better Business Bureau's Advertising Self-Regulatory Council [Consejo de autorregulación de la publicidad].[6] Cuanto mejor seas capaz de emular los estándares de Sun Tzu, más estarás preparado para cualquier cosa.

CÉNTRATE EN LO QUE ES VIABLE

El ego y la falta de visión también pueden hacer que nos enamoremos de un concepto que no tiene verdadera viabilidad en el mercado. No te dejes atrapar creyendo tus propias mentiras. Céntrate en lo que te hará conseguir dinero y te permitirá alcanzar tus objetivos, no en la fascinante nueva tecnología o en la decoración del escaparate.

James Dyson es inventor e ingeniero por naturaleza. En 2001 presentó a Martin McCourt como director ejecutivo y lanzó Dyson en Estados Unidos. Desarrollaron aspiradores adicionales e introdujeron la lavadora Contrarotator. La Contrarotator perdió dinero, y la compañía cerró el grifo al flamante nuevo electrodoméstico. Al describir sus creaciones como si fueran sus hijos, Dyson dice que a él no le gustó la decisión. Por eso tenía un director ejecutivo que era capaz de tomar esa clase de decisiones difíciles y equilibrar su conexión emocional con los productos.[7]

> En la guerra, pues, haz que tu gran objetivo sea la victoria, no las largas campañas.

En la guerra y en los negocios pon tu energía en lo que funciona y no pierdas preciosos recursos en productos y servicios que no tienen signos de promesa.

El Koch de Sam Adams no tiene miedo de fracasar. Sabe que no todas las cervezas serán estrellas. Por eso la Boston Beer Company suspende las creaciones que no logran establecerse. La fórmula es simple, dijo a *CNN Money*: «Solo estoy enfocado a realizar la mejor cerveza y a trabajar duro para venderla. Si podemos llevar una mejor cerveza a las bocas de nuestros consumidores, lo habremos hecho bien».[8]

WEGMANS

La primera vez que escuché hablar de la cadena de tiendas de comestibles Wegmans fue cuando abrieron una próxima a la oficina de una agencia de publicidad para la que trabajaba cerca de Washington D.C. Parecía que casi todos los días alguien compraba o comía allí por primera vez y regresaba entusiasmado. Yo bromeaba con que era como una secta. La gente entraba, tenía alguna clase de experiencia transformadora y después salían convertidos y un poco cambiados. Durante semanas me resistí porque, después de todo, solo era una tienda de comestibles. ¿Quién se emociona a la hora de ir a comprar comida? Entonces, cuando finalmente me detuve allí durante el almuerzo una tarde, lo comprendí. Llevo convertida desde entonces.

Si vives o trabajas entre Massachusetts y Virginia, probablemente estés familiarizado con Wegmans. Fundada en 1916, la cadena ha crecido de forma constante e inteligente desde que se expandió por primera vez desde el estado de Nueva York. El crecimiento ha estado calculado. De propiedad privada, Wegmans responde a sus empleados y clientes. Hasta la fecha, la compañía mantiene locales en seis estados costeros, a pesar de las frecuentes peticiones para desplazarse fuera de su región. Solo en 2011 Wegmans dijo que había recibido más de 4.400 peticiones de consumidores pidiendo que abriesen tiendas en sus comunidades. En ese mismo año Wegmans marcó ingresos de 5.600 millones de dólares, según Forbes.com.[9]

Pero Wegmans no se deja atraer por territorios donde no está preparado para ir, ni crecerá más rápidamente de lo que dictan sus planes. En su página web Wegmans asegura que abrirá solo dos o tres tiendas al año. Si resulta que tienes una en tu comunidad, eres uno de los afortunados.

5-HOUR ENERGY

Más adelante leerás sobre Manoj Bhargava, fundador de Living Essentials, los creadores de 5-Hour Energy, porque ilustra algunos de los otros atributos de Sun Tzu. Desde que creó su bebida energética, Bhargava ha sabido cómo destacar su producto en el mercado. Creó unas campañas de publicidad que articularon su visión para conectar de la mejor manera posible con compradores que nunca habían visto nada como este producto. Los primeros comerciales de televisión de 5-Hour Energy recibieron críticas muy malas de la industria. Pero a Bhargava no le importaron. No quería usar una agencia de publicidad porque «ellos quieren ganar premios; nosotros queremos vender cosas», dijo en un discurso de apertura. «Queríamos decirle a la gente lo que hace, y ellos pueden comprarlo».[10] Eso es, después de todo, la idea, ¿no es verdad?

Los comerciales no ganaron ningún premio prestigioso, pero incrementaron las ventas del producto en un cincuenta por ciento en tres meses, según Bhargava. Su mensaje era centrarse en la propuesta de valor de 5-Hour Energy y en cómo podía crear toda una nueva categoría.[11]

FIVE GUYS

También se menciona a Five Guys en el capítulo 3, «Entenderte a ti mismo». No es una coincidencia, porque un negocio no puede ejemplificar el enfoque si sus líderes no saben quiénes son, qué hacen y qué no. Desde el principio, Jerry Murrell, el fundador de los restaurantes Five Guys, fue inflexible en que el menú debía permanecer igual: hamburguesas y patatas fritas solamente, y de las buenas. La calidad era primordial. Las hamburguesas se preparaban a mano, y como todo lo demás en el restaurante, nunca

eran congeladas. Las patatas se cortaban a mano y se seleccionaban cuidadosamente de ambientes del norte de Estados Unidos.[12]

Siendo ahora una cadena a nivel nacional, Five Guys probó
suerte con otros elementos del menú. El café fue un desastre, dijo
Murrell. El sándwich de pollo tampoco funcionó. Hoy puedes conseguir un perrito caliente, un sándwich vegetal y uno de queso a la
parrilla en el restaurante de hamburguesas. Pero estas adiciones
se consideraron y se implementaron cuidadosamente. Como dijo
Murrel a *Forbes*: «Mi miedo era que si añadíamos algo nuevo y no
era bueno, entonces algún crítico escribiría acerca de lo malo que
era nuestro café y no sobre lo buenas que eran nuestras hamburguesas y patatas».[13]

Mientras que Wegmans ha perseguido un crecimiento muy
lento y calculado, las franquicias de Five Guys se han propagado
rápidamente, con locales en casi cada estado. Según Murrell, el
mayor problema que tiene con sus franquiciados es su deseo de
que añada más artículos al menú. Pero Murrell ha observado a
otras franquicias sufrir y ha visto algunos temas comunes. Se ha
fijado en que se apartan de sus productos centrales e intentan
abarcar demasiado, en su detrimento.[14]

10

UNIDAD

L a unidad es un tema importante y recurrente en *El arte de la guerra* de Sun Tzu, pero no necesariamente uno de los más subrayados por la mayoría de los estudiosos. Estoy absolutamente convencida de que este atributo es tan importante para que los profesionales de pequeñas y medianas empresas sean capaces de sobrevivir y prosperar como lo era para Sun Tzu y sus fuerzas militares. Este capítulo deriva del «Enfoque» (capítulo 9), porque para que un equipo esté unido sus miembros deben entender y compartir el enfoque de la organización.

Este pasaje dice mucho acerca de la importancia de la unidad para los líderes de pequeñas empresas que busquen aplicarla. Aquí vemos de nuevo la estrategia de Sun Tzu de usar lo mucho para atacar lo poco. Esto es particularmente pertinente para pequeñas fuerzas:

> Podemos formar un único cuerpo unido, mientras que el enemigo debe dividirse en fracciones. Así habrá una unidad enfrentada a partes separadas de una unidad, lo que significa que seremos muchos para los pocos del enemigo.

Como experimentó Sun Tzu en su distinguida carrera militar, dividir al enemigo es un modo astuto de que una fuerza pequeña vea la victoria. Del mismo modo, es esencial que la fuerza pequeña permanezca unida, incluso frente a una gran adversidad.

Joe Calloway ha hecho algunas observaciones en su estudio de las compañías extraordinarias. Aunque estas conclusiones son importantes, realmente no son revolucionarias. Es algo que podemos ver y experimentar en las compañías para las que trabajamos, con las que trabajamos, y que seguimos en los medios. Calloway dice que cada uno de estos excepcionales profesionales tiene una idea clara de quién es. No se definen a sí mismos por lo que venden. En vez de eso, su concepto de «quiénes son» se mide por el impacto que causan en empleados, accionistas y clientes. Están enfocados a servir, cumplir y conseguir. También comparten la capacidad para diferenciarse a sí mismos con claridad y poderosamente.[1]

Un líder de una pequeña empresa que pueda desarrollar este concepto de unidad seguramente revolucionaría la organización entera. Y una organización unificada es aquella que se conoce suficientemente bien a sí misma para tener diferenciadores claros y poderosos. Es raro y especial una pequeña empresa cuya fuerza entera tiene los mismos objetivos y metas y se mueven como una fuerza unificada. Es mucho más común ver a cada jugador preocupado solo por sus dominios y sin ser consciente de cómo ese trabajo impacta a toda la organización. La tolerancia a los silos en muchas pequeñas y medianas empresas es alarmante e inexplicablemente alta. En vez de eso, los pequeños jugadores que quieren dominar necesitan colaborar, aprender unos de otros y poner ese aprendizaje en acción para hacer crecer la organización.

Sun Tzu continúa su consejo sobre cómo una fuerza pequeña puede dividir y derrotar a una grande:

> Y si somos capaces por lo tanto de atacar a una fuerza inferior con una superior, nuestros oponentes estarán en apuros.

Para superar a un gran adversario, permanece unido y busca separar al enemigo.

SEPARA AL ENEMIGO

Si sus fuerzas están unidas, sepáralas.

Este pasaje sobre leer las pistas del enemigo no se aplica solo a la separación física, sino también a la separación moral y a causar confusión entre las filas del enemigo:

Los líderes hábiles de antaño sabían cómo abrir una brecha entre la vanguardia y la retaguardia del enemigo; evitar la cooperación entre sus divisiones grandes y pequeñas; estorbar que las buenas tropas rescaten a las malas y que los oficiales concentren a sus hombres.

La consecuencia, dice Sun Tzu, es «mantenerlos en desorden». ¿Cómo, pues, aplicas las enseñanzas de Sun Tzu para unir tus fuerzas?

INSPIRA UNIDAD

Jim Koch estaba dirigido por un propósito: «crear una revolución cervecera en Estados Unidos del mismo modo que Samuel Adams creó una revolución política», le dijo a *CNN Money*.[2]

Los líderes dignos de ser seguidos inspiran a su gente no solo con una dirección clara, sino con un propósito unificado y un apasionado compromiso por la causa:

Por lo tanto el soldado experimentado, una vez en marcha, nunca está desconcertado; una vez que ha levantado el campamento, nunca se encuentra perdido.

Cuando hay mayores riesgos y probabilidades, la unidad inspirada es más importante que nunca, dice Sun Tzu en su consejo ante una fuerza invasora:

Cuanto más penetres en un país, más grande será la solidaridad de tus tropas, y por lo tanto los defensores no prevalecerán contra ti.

Cuanto mayor el desafío y más poderoso el adversario, más fuerte tendrá que ser la solidaridad de tu negocio.

MANTÉN LA INSPIRACIÓN

La velocidad es un tremendo activo en el combate, y la ventaja de las pequeñas empresas más ligeros y flexibles. Pero como bien sabemos, algunas campañas se alargan más de lo que nos gustaría. Este no es el ideal y puede provocar estancamiento:

Cuando te enzarzas en una lucha real, si la victoria tarda en venir, entonces las armas de los hombres se volverán pesadas y su ardor se verá apagado. Si pones asedio a una ciudad agotarás tus fuerzas.

Inspirar a las fuerzas a la unidad es una iniciativa en desarrollo, no una proposición de una sola vez. Es importante asegurar que tu gente escuche un mensaje claro, coherente y positivo que unifique sus rangos. Si no, tu organización se verá expuesta a riesgos tanto de dentro como de fuera:

Cuando el ejército está cansado y receloso, es seguro que vengan problemas de otros príncipes feudales.

La conclusión de Sun Tzu es clara. Si se permite la disensión entre las tropas, eso creará oportunidades para el enemigo.

Los siguientes pasajes del sabio pueden parecer, en primera instancia, difíciles de transmitir desde un contexto militar a uno empresarial. Pero solo en primera instancia:

Coloca a tus hombres en posiciones donde no haya escapatoria y preferirán la muerte a la huida. Si deben enfrentarse a la muerte, no hay nada que no puedan conseguir. Los oficiales y los hombres del mismo modo extenderán su fuerza hasta lo máximo posible.

Los negocios son algo serio, pero no es tan serio, al menos no tanto para la mayoría de empleados. Sin embargo, si eres capaz de infundir una profunda lealtad, construirás equipos excepcionales que servirán a tus clientes de modos excepcionales. Inspira a tu gente para que se comporte como si no fuera solo un trabajo, sino una causa, y así extenderán su fuerza hasta lo máximo posible... algo que, al final, ayudará a toda la organización a superar las tormentas y mantener su talento. Lo mismo es cierto para construir una base de clientes excepcionalmente leales.

ZAPPOS

Esta clase de unidad crea una experiencia consistente para el cliente. El director ejecutivo de Zappos, Tony Hsieh, llevó la compañía en línea de prácticamente ninguna venta a más de mil millones de dólares en ventas en bruto al año. Entonces vendió la compañía a Amazon en un trato valorado en 1.200 millones de dólares. La clave de su éxito ha sido una cultura de servicio al cliente y valoración de los empleados. Su fórmula ha combinado beneficios y pasión y le ha dado a la gente una oportunidad para ser parte de algo más grande que sí mismos. En su libro *Delivering Happiness: ¿cómo hacer felices a tus empleados y duplicar tus beneficios?*, Hsieh comparte algunos conceptos radicales, incluyendo cómo Zappos busca cambiar el mundo y unificar a los clientes y a los empleados en esa cruzada.[3]

Hsieh ha dicho que Zappos decidió hace tiempo que la marca no se iba a limitar a los zapatos y a la ropa que posteriormente la compañía vendía. En vez de eso, Zappos se propuso construir una marca que tratara del mejor servicio y experiencia para el cliente. «Creemos que el servicio al cliente no debería ser solo un departamento, debería ser la compañía entera», dijo.[4]

Según Hsieh, si tienen bien la cultura, todo lo demás —un servicio al cliente excepcional, una marca fuerte a largo plazo y unos empleados y clientes apasionados— vendrá solo. Con esta finalidad, Zappos ha rechazado a muchos candidatos muy talentosos y prometedores que probablemente habrían obtenido ganancias a corto plazo para el balance, pero que no creía que encajaran en la cultura de Zappos. El precio de esos beneficios a corto plazo bien vale el sacrificio para proteger la marca a largo plazo, cree él.[5] Parece que Amazon está de acuerdo.

LA DESUNIÓN TIENE CONSECUENCIAS

Estos pasajes hablan del compromiso de Sun Tzu a la causa, pero también apuntan a algo más. Según Sun Tzu:

Lo que debe unirlos son las nefastas consecuencias de la pérdida.

Los líderes de pequeñas y medianas empresas tienen que ser inspiradores y edificantes. Pero ¿se debe inspirar a las fuerzas bajo el riesgo de omitir las consecuencias de la pérdida en el campo de batalla de tu negocio? No según Sun Tzu. Tu gente debe estar bien informada de las consecuencias de no llegar a sus objetivos, de no cumplir con las fechas, de no hacer las entregas y no conseguir la misión. Deben saber cómo lucirá el fracaso para ellos personalmente, y para la organización en su conjunto.

LEVANTA A LA GENTE PARA LA GRANDEZA

Los *gongs* y los tambores, las banderas y estandartes, son medios por los que los oídos y los ojos de la multitud pueden centrarse en un punto en particular.

En la guerra las señales muestran a los soldados cuándo y cómo maniobrar. Esta es la cuestión del pasaje de arriba: ¿hay un punto en particular en el que estén centrados los oídos y los ojos de tu gente? ¿Están listos para actuar basándose en esas señales? ¿Confían en el origen de las órdenes y las siguen consecuentemente?

Si están unidos, el lazo que construyen se sentirá por toda la organización:

Cuando los hombres están unidos, los valientes no pueden avanzar solos, los cobardes no se pueden retirar solos. Estos son los principios para emplear a un gran número de tropas.[6]

Incluso con una fuerza pequeña debes tener un cuerpo unido que avance junto y no se retire. Para superar a un adversario mayor, la unidad es incluso más importante. Inspira a tu gente para la grandeza, mientras les mantienes consciente del excesivo precio de la pérdida. Deja la mediocridad para las grandes organizaciones, mientras tú demandas compromiso, lealtad y rendimiento de todos los de tu equipo.

ÚNETE CON EL ENEMIGO DERROTADO

Recuerda la declaración de Sun Tzu de que «los soldados capturados deben ser tratados y atendidos amablemente». Ten esto en mente en la forma de tratar a los antiguos competidores que se unen a tu campo, ya sea por voluntad propia o con menos entusiasmo, después de una fusión o una adquisición, o la quiebra de un competidor.

PERMANECE UNIDO EN TODAS LAS CONDICIONES DE LA BATALLA

Como vimos en la discusión acerca de los diferentes tipos de terreno en «Entender el mercado» (capítulo 5), mantener a las tropas moviéndose juntas es la indicación explícita de Sun Tzu para muchos tipos de terreno:

- *En terreno disperso, inspiraría a mis hombres con unidad de propósito.*
- *En terreno fácil, vería que hay una estrecha conexión entre todas las partes de mi ejército.*
- *En terreno conflictivo, yo aceleraría mi retaguardia.*
- *En terreno abierto, no se separen.*[7]
- *En terreno de intersección de caminos, consolidaría mis alianzas.*
- *En terrenos cercados, yo bloquearía cualquier camino de retirada.*

REDUCE LA DISENSIÓN

El opuesto a la unidad es la disensión, que puede llevar a una ola de insubordinación que puede infectar la organización entera. Si no se trata, no se irá, sino que se enconará, y sus ramificaciones pueden ser desastrosas. Sun Tzu dice:

> Cuando los altos oficiales estén enfadados y se insubordinen, y en el encuentro con el enemigo presenten batalla por su propia cuenta desde un sentimiento de resentimiento, antes de que el comandante en jefe pueda decir si está en posición de luchar, el resultado es la ruina.

WEGMANS

El liderazgo de la cadena de supermercados Wegmans entiende que los empleados leales y comprometidos fomentarán un espíritu de lealtad y compromiso entre los clientes. Con ese fin, Wegmans ofrece becas universitarias. Los empleados a tiempo completo pueden ser elegidos para cuatro becas de 2.200 dólares sin restricciones en los cursos que estudian. Muchos empleados que reciben la beca deciden construir una carrera con Wegmans.[8]

Según un portavoz de la compañía, en un comentario al *Baltimore Business Journal*, Wegmans nunca ha despedido a ningún empleado. Incluso cuando las ventas se han desplomado y han cerrado tiendas, la compañía siempre ha ofrecido a los empleados trabajo en otras áreas. The Food Marketing Institute informa de que el personal, que no está sindicado, tiene una tasa de rotación que es la mitad de la industria estándar.[9]

Los altos estándares de Wegmans puede que estén detrás de su baja tasa de rotaciones. En otro ejemplo de unidad, los cajeros no se ven con los clientes hasta que no han completado cuarenta horas de formación. La compañía envía a cientos de sus empleados por todo el país, e incluso por todo el mundo, para que se conviertan en expertos en sus productos. Los líderes de la compañía no solo dicen que los empleados son importantes. Lo demuestran. Cuando toman decisiones, la pregunta es: «¿Es lo mejor para el empleado?».[10]

Su premisa es que pensar primero en los empleados les llevará a los clientes. Un empleado informado, bien entrenado y satisfecho creará una mejor experiencia para los clientes. Esto crea lealtad, tanto en los trabajadores como en los compradores. La premisa es trabajar para la cadena de supermercados. Por toda la Costa Este, las tiendas de Wegmans tienen la media de ventas diarias más alta de la industria.[11]

La misión de Wegmans no es curar el cáncer o acabar con el hambre en el mundo. Es una tienda de comestibles. Pero, como Zappos, no se verá limitado por una definición de lo que la tienda vende. La marca Wegmans también habla de cómo la compañía hace negocios. Anima a que los empleados se involucren en programas filantrópicos de la comunidad, lo que les capacita para ver sus trabajos como parte de algo mucho más grande. En una iniciativa filantrópica, Wegmans donó siete mil toneladas de comida a los bancos de alimentos comunitarios.[12]

«Se trata realmente de la comunidad, no la competencia», dice uno de los gerentes de tienda de Wegmans.[13] Pero como saben los negocios con la sabiduría necesaria para involucrarse en la comunidad, devolvérselo a la gente que te apoya, de un modo auténtico y significativo, es una ventaja competitiva que crea un sentimiento unificado de propósito en todo lo que toca.

SALESFORCE.COM

Marc Benioff de Salesforce.com es un ejecutivo esencial que incluir en cualquier estudio que aplique a Sun Tzu. Discípulo del autoproclamado estudiante de Sun Tzu Larry Ellison, Benioff ha aplicado los principios de Sun Tzu a lo largo de toda su carrera. Ha llevado a Salesforce cambiar el aspecto del *CRM*, la administración de la relación con los clientes, y la hizo avanzar hacia una compañía global de computación en línea. Benioff contó a la comunidad Sonshi de Sun Tzu que el concepto de *El arte de la guerra* que le había impactado es que la gente no puede estar unida o enfocada a menos que compartan una filosofía común que le dé a sus esfuerzos un mayor significado. Salesforce cree que las misiones de la compañía necesitan ser mayores que obtener beneficios. La propia compañía da un uno por ciento de su patrimonio neto, un uno por ciento de sus beneficios y un uno por ciento del tiempo de sus empleados a la comunidad. Esto les ayuda a unirse y estar enfocados, y hace empleados más apasionados y valiosos. Benioff llama a esto «el arma secreta [de la compañía] que asegura que siempre ganamos».[14]

Benioff no parece ver ningún riesgo en sacar el secreto a la luz y compartirlo con el mundo. Él sabe, por supuesto, que esta es la clase de compromiso que un competidor no puede tratar de emular artificialmente. No es como comenzar una nueva división, contratar a más vendedores o renombrar la compañía. No, esto es un compromiso profundo de la organización que pocos están dispuestos a poner en práctica.

Como con Wegmans, este espíritu de unidad en Salesforce se ha extendido a la comunidad de clientes. Benioff le dijo a Sonshi que es un ejemplo del «pensamiento estratégico en vez del combativo» de *El arte de la guerra para la pequeña y mediana empresa*. Este espíritu fue fundamental en la decisión de Salesforce de abrir su plataforma, cosa que Benioff cree que posiciona el negocio de tal modo que la gente querrá unirse a su misión en vez de atacarla.[15] Sin embargo, hay algunas historias de gran combate creativo que implican a Salesforce que leerás en el capítulo sobre el espíritu.

Piensa en cómo, a su modo de ver, esta decisión empresarial de abrir la plataforma de la compañía suena opuesta a Sun Tzu. La gran mayoría de líderes estarían aterrorizados de que sus competidores pudieran saber demasiado o equiparse para discernir sus movimientos. Pero no Salesforce. La compañía permitió a los clientes ampliar sus aplicaciones de Salesforce, e incluso crear y poner en marchar cualquier clase de aplicación bajo demanda. Así es cómo Benioff calificó la consecuencia: «Al inspirar a la gente a unirse a nosotros y trabajar con nosotros creativamente, reunimos a un ejército de innovadores que están dedicados a hacernos mejores».[16] Esa es una comunidad de unidad, y está probado que es una fuerza poderosa para Salesforce.

Es en las tácticas competitivas de Salesforce, esbozadas en el capítulo 13, «Espíritu», donde esta unidad de propósito se reúne extraordinariamente. La compañía ha gestionado la brillante unión de una comunidad de usuarios con su misión del «fin del *software*». Se ha alimentado de un propósito de cambiar el modo en que funciona la industria del *software*, aprovechando el bajo coste y el poder más robusto de la web, cosa que era un concepto totalmente nuevo cuando Salesforce lo introdujo en el floreciente mundo del *CRM*.[17]

PARTE CUATRO

SUN TZU AVANZADO: ESTRATEGIA PARA TU PEQUEÑA EMPRESA

Esta parte destaca los aspectos más difíciles y complejos de la estrategia de Sun Tzu. Son los elementos más desafiantes para que los entiendan y apliquen los lectores. Esta parte explorará en detalle la primacía absoluta de la estrategia a la hora de montar una pequeña empresa, tal como se adapta de Sun Tzu, mientras se mantiene el enfoque en mantener prácticas sus enseñanzas más difíciles para tu pequeña empresa.

Este material te desafiará a pensar de manera diferente acerca de cómo haces negocios.

11

MANIOBRA

El séptimo capítulo de la traducción de Giles se llama «Maniobra». Huynh traduce este capítulo como «lucha armada» y Huang como «contención armada». Nuestra mirada al tema clave de la maniobra aquí será un poco diferente. Nos centraremos en adaptar las enseñanzas de *El arte de la guerra* a los movimientos de planificación, cambio de posición y de dirección, todos conceptos fundamentales para Sun Tzu. Aunque haya elementos importantes de susodicho capítulo incluidos aquí, también hay elementos de otros capítulos de *El arte de la guerra* que ilustran cómo una pequeña empresa debe maniobrar para aprovechar y mantener la posición de ventaja.

Hay dos conceptos esenciales sobre la maniobra tratados anteriormente que merecen repetirse. Mantén a tus competidores en movimiento y divídelos:

Si está tomando su descanso, no le permitas reposar. Si sus fuerzas están unidas, sepáralas.

La unidad, como sabemos, es fundamental para la salud de tu negocio. Busca dividir a tu adversario.

Comencemos con este pasaje maravillosamente perspicaz sobre la táctica de maniobra de Sun Tzu:

> La mejor política en la guerra es atacar la estrategia del enemigo. La segunda mejor manera es alterar sus alianzas por medios diplomáticos. El siguiente mejor método es atacar su ejército en el campo. La peor política es atacar ciudades amuralladas. Atacar ciudades es el último recurso cuando no hay alternativa.[1]

La pregunta que debes hacer es: ¿cuál es la manera más eficaz para atacar las estrategias del enemigo? Es mi esperanza que mientras estudies este capítulo recuerdes esta pregunta y busques una respuesta para tu pequeña empresa.

LUCHAR SIN LUCHAR

Como indica el pasaje anterior en su preferencia por atacar la estrategia e interrumpir las alianzas en vez de atacar directamente a los soldados, el mejor modo de entrar en batalla es luchar sin luchar. Atacar las ciudades es la peor opción:

> Por lo tanto, el líder habilidoso sojuzga a las tropas enemigas sin ninguna lucha; captura sus ciudades sin sitiarlas; derroca su reino sin largas operaciones en el campo.

Hay muchos modos en que puedes capturar las ciudades de tus competidores sin establecer asedio sobre ellas. Puedes moverte silenciosamente sin obtener la atención de la industria hasta que sea el momento apropiado, comprar competidores, contratar a su mejor personal, absorber o desarrollar relaciones exclusivas con sus mejores proveedores y unir esfuerzos con otras fuerzas pequeñas, así como otros métodos. Para negocios de servicios con un volumen bajo de clientes, puedes tomar clandestinamente sus mejores cuentas cuando no lo esperen. Puedes obtener mejores proveedores y encontrar modos mejores y más baratos de hacer llegar tus productos al mercado. Puedes contratar a mejor gente y retenerlos más tiempo que ningún otro en tu industria. Sun Tzu nos dice que nunca entremos en batalla a menos que sea necesario, y nunca ataquemos fuerza por fuerza.

EVITA LA FUERZA Y ATACA LA DEBILIDAD

Este principio debería ser el mantra de todos los profesionales de pequeñas empresas que quieren ganar. Sun Tzu lo explica concisamente:

> En la guerra el modo es evitar lo que es fuerte y golpear lo que es débil.

Paychex fue donde ADP no quería, y no estaba dispuesto a ir, en vez de luchar con su competidor por grandes o medianas cuentas de nóminas. Netflix atacó la incapacidad de Blockbuster para adaptarse. No intentó abrir tiendas para competir con el alquiler de videos. Samuel Adams no intentó competir con el monolito de la industria de la cerveza corporativa Anheuser-Busch InBev, ni con el número dos, Miller-Coors. En vez de eso, está compitiendo con otras cervezas artesanales. Estos jugadores fueron adonde no estaba el enemigo y atacaron, explotando por lo tanto la debilidad del adversario.

PROVÓCALOS PARA VER QUÉ HACEN

> Provócalos, y aprende el principio de su actividad o inactividad. Fuérzalos a revelarse, hasta que encuentres sus puntos vulnerables.

Prueba a tu adversario con fintas para calibrar su fuerza y cómo reaccionará. En artes marciales o deportes de combate como el boxeo y la lucha los profesionales pueden probar con varias fintas para calibrar cómo reaccionará el oponente. Al fingir, se puede aprender que el oponente baja las manos cuando responde a un puñetazo, o se pone rígido e inmóvil cuando se bloquea. Cuando veas cómo reacciona tu adversario a ataques comedidos, podrás maximizar los enfrentamientos futuros.

CONVIERTE LO RETORCIDO EN DIRECTO

Sobre maniobras tácticas, Sun Tzu dice:

> ... No hay nada más difícil. La dificultad de las maniobras tácticas consiste en convertir lo retorcido en lo directo, y la desgracia en ganancia.

Como vimos en el capítulo sobre la perseverancia, y como saben los emprendedores, aquellos que ganan son capaces de convertir incluso una pérdida potencial en una ganancia.

Sun Tzu continúa:

> Por lo tanto, si haces que la ruta del enemigo sea tortuosa y le ofreces el cebo de una ventaja, aunque tú empieces después que él llegarás antes.[2]

Sun Tzu indica al general que provoque que el enemigo tome el camino largo para que tú puedas llegar antes al destino. Las pequeñas y medianas empresas deberían estar menos inclinadas a alcanzar el mismo campo de batalla al que se dirigen las empresas más grandes. En vez de intentar hacer algo similar a lo que las grandes potencias están haciendo, construye algo que la gente necesite o quiera y que no pueda conseguir del modo o con el nivel de calidad que tú puedes proporcionar. Esto es cierto para el *bourbon* realmente bueno, el yogur de mejor calidad y las películas que llegan a tu buzón o que retransmiten por tu televisor. Puede que empieces después de tu adversario, pero puedes alcanzar a los mercados llenos de nuevas oportunidades si llegas a esos nichos primero.

HAZTE CON LO QUE LE IMPORTA AL ENEMIGO

Pregunta: si el enemigo es numeroso y avanza en formación bien ordenada, ¿cómo son conducidos?
Respuesta: primero apodérate de lo que les importa y ellos harán como se espera.[3]

Este pasaje requiere un examen. ¿Cómo averiguas qué le importa a tu adversario?

Amazon compró todas las acciones en circulación, opciones y órdenes de Zappos por diez millones de las acciones comunes de Amazon, con un valor de 807 millones de dólares. El trató también le costó a Amazon cuarenta millones de dólares en efectivo y acciones restringidas que fueron para los empleados de Zappos.[4]

Ben Parr es el socio gerente del fondo de capital de riesgo DominateFund. Además de reconocer el crecimiento potencial de Zappos, Parr cree que Amazon adquirió la compañía por su extraordinaria cultura, que había conducido a su éxito dinámico. El servicio de atención al cliente de Zappos, ya lo hemos visto, es una parte esencial de su cultura. Igual lo son su liderazgo y sus empleados, que también son una pieza fundamental de por qué Amazon compró al pequeño rival de comercio electrónico. Al gigante Amazon le importa la cultura, la cuota de mercado, el crecimiento potencial y los diferenciadores centrales que hacían que Zappos destacase.

Pagaron generosamente por esos atributos. Esta es una valiosa lección de cómo una pequeña empresa no necesita perder su identidad ni sus diferenciadores si decide fusionarse o vender. Una condición del trato era que Zappos continuaría operando en Las Vegas, y el equipo de gestión permanecería intacto.[5]

MUÉVETE CON RAPIDEZ

La velocidad es la esencia de la guerra.[6]

La velocidad es fundamental en los negocios y en la guerra. Es incluso más importante para las pequeñas empresas, y una ventaja fácil de aprovechar. Con recursos limitados, las pequeñas empresas deben moverse con precisión a la hora de lanzar ataques y maniobrar. Moverse rápido puede permitirte conseguir una posición mejor que tus competidores.

Quien llegue primero al campo y espere la llegada del enemigo estará fresco para la batalla; quien llegue el segundo al campo y tenga que acelerar para batallar llegará exhausto.

La velocidad, por supuesto, no solo se aplica a lo rápido que te mueves contra tu competidor. También se aplica a tu servicio y entrega. La agilidad y la respuesta están entre las ventajas principales que las pequeñas empresas tienen sobre los competidores más grandes.

PLANIFICACIÓN

Atácale cuando no esté preparado, aparece donde no se te espere.

La indicación de Sun Tzu sobre tomar ventaja de la oportunidad es importante, pero también lo es moverte cuando el mercado está preparado. Como vimos en el capítulo 2 sobre la aplicación de *El arte de la guerra*, el Cielo —que significa la planificación— es uno de los cinco factores constantes de Sun Tzu:

El Cielo significa noche y día, frío y calor, tiempos y estaciones.

Pascal-Emmanuel Gobry, analista de *Business Insider Intelligence*, nos recuerda el viejo dicho de las empresas emergentes: «Llegar temprano es igual que llegar mal». Usemos tres de sus ejemplos para ilustrar la importancia de la planificación en la maniobra.[7]

Puede que recuerdes haber usado Ask Jeeves. Sigue existiendo, ahora como Ask.com. Me encantaba esta herramienta de búsqueda, mucho antes de que Google se convirtiera en parte del lenguaje cotidiano. Era una de las fuentes recurrentes de información en línea, cuando ir a Internet en busca de respuestas comenzaba a ser el modo de encontrar información.

Creada en 1998, estaba propulsada por más de cien editores que monitoreaban las búsquedas humanas, y después seleccionaban páginas que pensaban que podrían responder de la mejor manera a estos interrogantes. El concepto se acercaba, pero la tecnología no. Mientras que Ask Jeeves había sido pionero en el concepto de herramientas de búsqueda, los fallos en la tecnología y en los problemas organizativos, exacerbados por competidores como Google con su lenguaje natural para herramientas de búsqueda, significaron el final de una buena carrera.[8] Ask Jeeves, sin embargo, empleó muchas de las técnicas que después se hicieron un hueco en Google, como la búsqueda semántica y el *ranking* de páginas web por medio de hipervínculos.[9]

¿Y qué hay de SixDegrees.com, la red social original? Estaba basada en la idea de que, igual que todos los actores estaban separados de Kevin Bacon por seis grados o menos, todos estamos separados seis grados de cualquier persona en el mundo. Por desgracia para la compañía, el mundo todavía estaba flojo para la innovación en redes sociales.[10]

Luego está LetsBuyIt.com. Este servicio pionero de compras en línea permitía a grupos de familia y amigos que hicieran compras conjuntas y optar por grandes descuentos. Pero esto fue antes de que las redes sociales estuvieran repletas de ofertas de propaganda. Sin la intersección de compradores, vendedores y un modo ubicuo de conectarlos, LetsBuyIt no vendía. Groupon parece haber aprendido de este fracaso a destiempo, y dirige su publicidad a servicios locales de pequeñas empresas.[11]

No es suficiente con que tú estés preparado. El mercado tiene que estar preparado.

CONSEGUIR LA VICTORIA FRENTE A DETERMINAR LA VICTORIA

Establecer tu estrategia está en el núcleo de la genialidad de las pequeñas empresas. Requiere ausencia de formas, cosa que será un misterio para tu competidor. Sobre la falta de formas, Sun Tzu dice:

> Cómo pueden obtener ellos la victoria fuera de las tácticas del enemigo... eso es lo que la multitud no puede comprender. Todos los hombres pueden ver las tácticas por las cuales yo conquisto, pero lo que nadie puede ver es la estrategia que conlleva a la victoria.

O, como traduce Huynh, con formación el ejército consigue victorias, aunque no comprendan cómo.

El mundo puede que sea capaz de ver cómo consigues la victoria. La gente puede ver qué estás vendiendo y quién lo está comprando. Pueden ver a tus socios y hablar con sus colegas sobre los movimientos que haces que pueden discernirse. Pero si eres un estratega brillante, no pueden comprender cómo has creado tus victorias.

TOMA LA MEJOR POSICIÓN

El propósito de maniobrar es estar óptimamente posicionado para el éxito:

> Los buenos luchadores de antaño primero se colocaban a sí mismos más allá de la posibilidad de caer derrotados, y después esperaban una oportunidad para derrotar al enemigo.

La preparación total para aprovechar cada ventaja es la piedra angular de las indicaciones de Sun Tzu. La indicación adicional aquí puede sonar extraña, pero pensemos en cómo podemos aplicarla:

> Todos los ejércitos prefieren el terreno alto al bajo y los lugares soleados a la oscuridad.

¿Cómo de buena es tu visibilidad del paisaje que te rodea? ¿Tienes un terreno alto que viene con buena información, fuentes de confianza y redes de comunicación e inteligencia eficaces? ¿O tienes puntos bajos y oscuros que colindan con lo desconocido? Si es lo último, no serás capaz de ponerte más allá de la posibilidad de derrota ni mantener a tu enemigo en movimiento.

> Ve por delante del enemigo ocupando los puntos soleados y elevados, y guarda con cuidado tus líneas de provisión.

Guardar tu línea de provisión habla de tus relaciones con proveedores, vendedores y socios de la industria. Al desarrollar alianzas y asegurar inversiones, harás que sigan viniendo las provisiones. Los gerentes y los líderes cortos de miras puede que traten mal a sus vendedores, pagándoles tarde e incluso engañándolos, y comportándose por lo tanto con poca profesionalidad. La actitud puede ser que hay multitud de proveedores de servicios que tomarán el dinero del negocio. Eso puede ser cierto, pero los entornos geográficos e industriales no son tan grandes. Al final estas políticas descuidadas, egoístas y de usar y tirar tienen consecuencias.

Yo trabajé con una firma que destacaba en pagar a sus proveedores de imprenta muy tarde y después regateando los precios de entrega que ya se habían acordado con anterioridad. Supongo que pensaban que ganaban, pagando tarifas más bajas y en sus términos, pero la consecuencia fue que les metieron en la lista negra de las mejores y más capaces imprentas de la ciudad. Fueron incluso rechazados por una tienda única en su especie e incapaces de encontrar otro proveedor que cumpliera con sus requerimientos. Ese no es modo de hacer negocios.

Los líderes de pequeñas y medianas necesitan todos los amigos que puedan conseguir. Es mucho mejor que los negocios desarrollen socios y amigos leales, e incluso relaciones exclusivas, cuando sea posible, para que los mejores proveedores no proporcionen servicios o suministros a tus competidores. Hazte enemigo de ellos y querrán ayudar a tu competencia. Estarán incluso encantados de hacerlo.

SÉ PROACTIVO

Los líderes de negocios exitosos saben que no pueden esperar conseguir objetivos agresivos de crecimiento si simplemente optan por mantener el terreno. Ninguna de las compañías perfiladas en estas páginas ha conseguido el éxito simplemente con una estrategia puramente defensiva a largo plazo:

> Si son menos en número, sean capaces de defenderse. Y si en todos los aspectos es desfavorable, sean capaces de eludir [al enemigo]. Por lo tanto, una fuerza débil finalmente caerá cautiva frente a una fuerte si simplemente mantienen el terreno y conducen una defensa desesperada.[12]

Es en el ataque donde serás fuerte, no en la defensa:

Mantenerse a la defensiva indica fuerza insuficiente; atacar,
sobreabundancia de fuerza.

EL EJÉRCITO SOBRE LA MARCHA

Si tu ejército está en movimiento, Sun Tzu dice:

Llegamos ahora a la cuestión de acampar el ejército, y observar señales del enemigo. Pasa rápidamente por las montañas y
mantente en el vecindario de los valles.

No seas observado por el enemigo mientras haces tus planes y
los llevas a cabo. Mantener tus intenciones ocultas es especialmente
difícil ahora que hay tanto en el dominio público, así que debes
trabajar para ocultar tus movimientos secretos más que nunca.
Mientras mantienes un ojo en la estrategia y ocultas tus movimientos, considera el camino de menor resistencia para que puedas
moverte rápidamente sobre terreno difícil.

Después de cruzar un río, debes alejarte de él.

La aplicación de *El arte de la guerra* para la pequeña y mediana
empresa aquí es que una vez hayas tenido éxito en una maniobra,
no permitas que tu negocio sea empujado de nuevo a una posición
menos favorable. No es suficiente con conseguir una victoria. Debes
ser capaz de mantenerla. No hace mucho me encontré con una
pequeña empresa que está listo para explotar un hueco en el mercado. Los líderes de la compañía tienen una innovadora solución
para el nicho de las prácticas médicas. Uno de los modos en que
ellos validaron la oportunidad fue al observar a un competidor que

hizo avances significativos al vender a la base. Pero ese competidor pronto quemó tantos recursos para conseguir esos contactos que fue incapaz de cumplir lo prometido y tuvo que cerrar el negocio.

Si no tienes una estrategia y recursos para continuar maniobrando en medio de los obstáculos, esta historia trágica podría ser también la tuya.

> Al cruzar marismas, tu sola preocupación debería ser pasar al otro lado rápidamente, sin ningún retraso.

No te rezagues en terreno donde no eres bienvenido. Cuando estés en una posición comprometida, toma rápido las decisiones y no vaciles. Muchos ejecutivos citan como uno de sus grandes arrepentimientos mantener a gente de bajo rendimiento más tiempo del que era sensato. David Astorino, socio mayoritario de RHR International, dijo que cuando muchos directores ejecutivos reflejan lo que han hecho de manera diferente en sus carreras, «casi siempre dicen: "Tuve la corazonada de que no iba a trabajar con ese individuo, y hubiera deseado haber confiado en esa sensación y haber tomado la decisión más rápido"».[13] Esta clase de procrastinación bienintencionada puede causar un daño real a las pequeñas empresas, y provocar retrasos y estancamiento en toda la organización.

NETFLIX

La historia de Netflix comienza en 1997 cuando al fundador, Reed Hastings, le impusieron una multa de cuarenta dólares en un videoclub por devolver con retraso un VHS de *Apollo 13*. En ese momento empezó a pensar en la viabilidad del concepto de alquiler por correo. Comenzó a enviarse DVD a sí mismo. Cuando llegaban en prístinas condiciones, creyó que había llegado a algo.

Describió a *CNN Money* el encantador momento en que se dio cuenta de que iba a funcionar:

> «Estaba en Arizona en 2003, visitando uno de nuestros centros de distribución en los suburbios de Phoenix. Estaba lloviendo y mi paraguas no funcionaba, así que caminé los ochocientos metros que separaban el centro de distribución del hotel. Me llegó el mensaje a mi BlackBerry de que habíamos alcanzado el millón [de suscriptores] ese día mientras caminaba bajo la lluvia. Fue un momento hermoso en el que me encontré entusiasmado de que lo estuviéramos consiguiendo, y ese fue también el primer trimestre en que nos volvimos rentables. Fue un paseo mágico».[14]

Netflix ha estado bien posicionado para tener éxito. Los clientes tienen un hambre insaciable de entretenimiento, y cada vez aprovechan más los servicios en línea. Hastings y el liderazgo de Netflix han demostrado su habilidad para estar en la cúspide de las demandas del mercado, incluso con movimientos iconoclastas que han sido criticados. Su decisión de promover los visionados en línea a expensas de su negocio de DVD levantó un considerable escepticismo. En 2011 Hastings dividió Netflix en dos negocios, DVD y visionado en línea, y les permitió que compitieran entre sí por los clientes. Muchos consumidores no querían pagar por ambos, así que tuvieron que escoger uno.[15]

Para sorpresa de los críticos, Netflix tuvo ganancias y beneficios mientras animaba a los clientes a hacer la transición del DVD al visionado en línea. Pero en retrospectiva, podemos ver por qué funcionó esta decisión. Se negaron a sacrificar la debilidad por la fuerza y agarrarse a un modelo que estaba empezando a quedarse desfasado. Hastings fue capaz de sacar el dinero del lado de los DVD de la casa para pagar por construir el negocio del visionado en línea de crecimiento más rápido pero menores márgenes.

Netflix tuvo éxito y obtuvo ingresos y beneficios, mientras hacía la transición desde la plataforma de DVD a la de visionado en línea.[16] Este es un movimiento brillante que ilustra cómo *guardar con cuidado tus líneas de provisión*. El mercado del visionado en línea bajo demanda se está llenando de competidores, pero Netflix continúa bien posicionado.

Adam Hartung compartió en *Forbes* la rareza de esta victoria: «Casi ninguna compañía lleva a cabo esta clase de transición», escribió. En vez de esto, muchas luchan con uñas y dientes por un territorio perdido durante demasiado tiempo, y pierden oportunidades de evolucionar. Fue un movimiento mucho más inteligente avanzar para capturar el floreciente mercado en línea, en vez de agarrarse a un negocio menguante. Tal vez Netflix aprendió de Blockbuster.[17]

También es posible que aprendieran de Sun Tzu en el pasaje que citamos anteriormente en este capítulo:

Una fuerza débil finalmente caerá cautiva frente a una grande si simplemente mantienen el terreno y conducen una defensa desesperada.[18]

12
ADAPTACIÓN

Firmemente conectado con la maniobra y la estrategia global, la innovación es parte de la cultura de muchas pequeñas y medianas empresas. Es la salsa «no tan secreta» que ha forjado el camino para la hegemonía de la industria para los jugadores que mantienen este espíritu intrépido. Las pequeñas empresas tienen una ventaja al ser capaces de aplicar mejor tácticas a una realidad dinámica y fluida que sus competidores más grandes. Pero para permanecer viables deben continuar innovando.

Los profesionales de pequeñas y medianas empresas están demasiado familiarizados con la desalentadora estadística de que el ochenta por ciento de las nuevas empresas fracasan en sus primeros cinco años. Pero lo que es más interesante es que muchas del veinte por ciento que han tenido éxito toman un camino diferente de aquel en el que empezaron: en algunos casos, muy diferente. Volvamos ahora a las indicaciones de Sun Tzu sobre prosperar cambiando estrategias y tácticas.

MODIFICAR PLANES

El exitoso general de Sun Tzu debe ser un experto en modificar planes. Aunque esté bien versado en los cinco factores constantes que se describen en el capítulo 2 —la ley moral (p. ej. «el camino»), el cielo, la tierra, el comandante, el método o la disciplina— eso no será suficiente:

> El estudiante de la guerra que no esté versado en el arte de la guerra de modificar sus planes, aunque sea bien conocedor de las Cinco Ventajas, fracasará a la hora de hacer el mejor uso de sus hombres.

La capacidad para modificar tácticas es importante para Sun Tzu. El líder habilidoso a este respecto es capaz, pero el que no lo es será incapaz de obtener tracción:

> El general que comprende profundamente las ventajas que acompañan a la variación de las tácticas sabe cómo manejar a sus tropas. El general que no entiende esto puede que sea bien conocedor de la configuración del campo, y aun así no será capaz de poner este conocimiento en práctica.

Tener flexibilidad en concordancia con las circunstancias reales y dinámicas es esencial en la guerra, así como en los negocios:

> Sé flexible y decide tu línea de acción de acuerdo a la situación en el lado del enemigo.[1]

LA METÁFORA DEL AGUA

Sun Tzu, como muchos filósofos asiáticos o inspirados en Asia, incluyendo al artista marcial Bruce Lee, usa el agua como modelo de cómo enfrentarse al adversario. El agua fluye alrededor o sobre una fuerza. Se adapta y cambia de forma. Abarca una infinidad de variedad de planes para evitar lo que es fuerte y golpear a lo que es débil. Ya has visto este concepto ilustrado repetidas veces en estas páginas. En vez de comprometerse rígidamente a permanecer en un curso, las empresas que han superado las dificultades han ilustrado las meditaciones de Sun Tzu sobre el agua. Sus tácticas han tomado como modelo el agua por su adaptabilidad, su fluidez y la falta de forma. Aquí abajo tenemos unos cuantos pasajes de Sun Tzu sobre el agua como una metáfora para la batalla:

> Las tácticas militares son semejantes al agua; porque el agua en su curso natural huye de los lugares altos y se apresura hacia abajo.
>
> El agua da forma a su curso según la naturaleza del terreno sobre el que fluya; el soldado resuelve su victoria en relación con el adversario que esté enfrentando.
>
> Por lo tanto, igual que el agua no retiene una forma constante, así en la lucha tampoco hay condiciones constantes.

Sun Tzu hace este pasaje incluso más aplicable con esta siguiente frase:

> Aquel que pueda modificar sus tácticas en relación a su oponente y así tener éxito en la victoria puede ser llamado capitán nacido del cielo.

Instagram, el servicio para compartir fotografías y videos y red social, comenzó como la red social basada en la localización Burbn. Subir y compartir fotografías era solo una de las características de Burbn, pero fue la que tuvo éxito entre los usuarios y convirtió Instagram en el servicio que es hoy.[2] Hay muchas otras historias similares de éxito en las empresas que planteaban un curso muy diferente de aquel que concibieron inicialmente. El denominador común de todas ellas es la capacidad de adaptarse y responder a la oportunidad.

Identifica y sigue las tendencias de tu industria. No luches contra la corriente de cambio. En vez de eso, reconócela como una oportunidad y aprovecha la ventaja. Las ventas de tabletas y teléfonos inteligentes estaban en alza, mientras que las ventas de reproductores de DVD estaban estancadas. Netflix ha capitalizado esta tendencia y ha buscado capturar un mercado floreciente en vez de uno con una demanda menguante.

VARIEDAD INFINITA

Sun Tzu dice que para poder ir por delante del enemigo debes diseñar continuamente nuevas tácticas, sin regresar a las utilizadas previamente, aunque hubieran tenido éxito:

> No repitas las tácticas que te han conseguido una victoria, sino que deja que tus métodos estén regulados por la infinita variedad de circunstancias.

Esta es una razón más para no enzarzarse abiertamente en batalla más de lo necesario. No tendrás que inventar nuevos métodos ni métodos inesperados de ataque. Ser innovador es esconder tus objetivos de tus competidores:

> Él cambia sus campamentos y emprende marchas por rutas tortuosas de tal modo que resulta imposible para los demás anticipar su objetivo.[3]

Al hacer continuas mejoras en tu negocio estás contribuyendo a lo que Sun Tzu llama desarrollar una variedad infinita de tácticas. El escritor de temas empresariales John Spence ha dicho que las ventajas competitivas de antaño eran el acceso al capital, las tecnologías patentadas, la localización, los canales de distribución únicos en su especie y las economías de escala. Hoy estas son menos esenciales. En vez de ello, los ganadores del futuro, dice, forjarán nuevas ventajas competitivas basadas en las mejoras continuas e incrementales de todos los aspectos de sus empresas.[4] ¿De qué modo estás tú haciendo mejoras continuas e incrementales, o incluso muy grandes, en cada aspecto de tu empresa?

SÉ DISRUPTIVO

Si eres como yo, habrás escuchado la palabra *interrumpir* mucho cuando eras niño. Pero cuando se trata de innovación la perturbación puede ser algo muy bueno. En 1997 Clayton Christensen, profesor de la Business School de Harvard, detalló una interesante premisa en su libro *El dilema de los innovadores*. Dijo que mientras las compañías innovan a un ritmo más rápido que la demanda de las necesidades de sus clientes, muchas organizaciones finalmente desarrollan productos o servicios que son excesivos para la mayoría de clientes de su mercado. Son demasiado sofisticados, caros o complicados para la mayoría de compradores. Sin embargo, las empresas persiguen los productos y servicios de mayor precio adecuados para sus clientes más lucrativos. Es con esos compradores del nivel más alto del mercado con quienes harán la mayor parte de su dinero. Esta dinámica, dice, crea una oportunidad para la «innovación disruptiva», para servir a los clientes menos rentables del fondo del mercado.[5]

Los ejemplos de esta disrupción incluyen el cambio de los ordenadores centrales a los miniordenadores, de la película a lo digital, de los cursos universitarios de cuatro años a las universidades comunitarias, de las consultas médicas tradicionales a clínicas médicas minoristas, por nombrar unos cuantos. Con la innovación disruptiva las pequeñas y medianas empresas aportan soluciones al mercado para sacar provecho de las oportunidades que presentan los productos y soluciones con menores márgenes. Al hacer esto, pueden revolucionar las industrias.[6]

Esta es una dinámica extremadamente importante que deben entender las pequeñas empresas innovadoras. Desde que se publicó *El dilema de los innovadores* esta tendencia se ha acelerado. Como escribió Steve Denning en *Forbes*, la esperanza de vida de las firmas de Fortune 500 ha descendido a menos de quince años.[7]

Christensen usa el ejemplo de la tecnología del *router*. Cisco Systems fue un disruptivo que ofreció una alternativa a los equipos de conmutación de circuitos creados por Lucent y Nortel. La tecnología del *router* era más barata, pero no lo suficientemente buena para transmitir datos de voz. Y como los clientes no estaban familiarizados con el potencial de esta tecnología, no tenía absolutamente ninguna demanda de los consumidores. Sin embargo, con su mejora continua de la tecnología del *router*, Cisco tuvo éxito al hacerla suficientemente rápida para la voz. Mientras que Cisco es un caso de estudio de una empresa capaz de adaptarse a los cambios durante sus años en los negocios, ahora está amenazado por los innovadores de los servidores blade y el *softswitch*.[8]

Salesforce es una de esas grandes organizaciones inteligentes. Igual que Apple y Amazon, es citada por Christensen por emplear un modelo centrado en más que la rentabilidad a corto plazo, también en la innovación y experimentación continuas. Estas compañías también comparten calificaciones de satisfacción muy altas de sus clientes. Este modelo conduce a las compañías a una innovación constante y a ser disruptivas... incluso en sus propias empresas.[9]

SIGILO

Si pones en marcha un ejército completamente equipado para aprovechar una ventaja, hay posibilidades de que llegues demasiado tarde. Por otro lado, separar una columna volante para tal propósito implica el sacrificio de su bagaje y sus reservas.

Si un gran ejército o una gran división avanza en su totalidad, debe hacerlo con mayor lentitud que sus compañeros más pequeños y sigilosos. Al mandar una fuerza pequeña el gran ejército tiene solo una porción de su fuerza y recursos, faltándole el peso completo de armamentos y provisiones para atacar y defender. Esta es otra razón por la que mantener al enemigo en movimiento es importante, especialmente para pequeños jugadores.

Por lo tanto, si ordenas a tus hombres que se ciñan sus capotes [algo que Huynh traduce como armadura], y que hagan marchas forzadas sin parar día o noche, cubriendo el doble de distancia de una sentada, haciendo cien lis con la intención de exprimir una ventaja, los líderes de tus tres divisiones caerán en manos del enemigo.

Continúa advirtiendo que una marcha forzada significará que porciones importantes del ejército no alcanzarán su destino, se perderán líderes de división y se sacrificarán provisiones y reservas. Es mucho más molesto y logísticamente intensivo mantener provista y funcionando una gran entidad que mover un homólogo más pequeño y ágil. Siempre debes buscar hacer uso de tu ventaja de sigilo para tu empresa.

PAYPAL

Llevó varios años de ensayo y error y de superar serios problemas con el fraude de usuarios para que PayPal se convirtiera en el sistema de pago en línea por defecto para millones de usuarios. El concepto emergente inicial en 1998 era una empresa llamada Fieldlink, que desarrollaba criptogramas para dispositivos portátiles. Después de construir una plataforma que nunca se popularizó, los fundadores Max Levchin y Peter Thiel cambiaron el nombre de la empresa a Confinity y pasaron a enviar pagarés de un usuario de PalmPilot a otro. Sin obtener nada de tracción aquí, y siendo el éxito dependiente de la ubicuidad y la salud del mercado de PalmPilot, cambiaron de nuevo de curso, esta vez hacia un sistema de pago llamado PayPal. Este concepto les llevó a pagos por correo electrónico vía Internet. Todos estos cambios tan rápidos ocurrieron en un periodo de quince meses, según Reid Hoffman, antiguo vicepresidente ejecutivo de PayPal.[10]

Gran parte del temprano crecimiento de PayPal como sistema de pago puede atribuirse a los usuarios de eBay. Esta comunidad promovió la plataforma entre los demás como un modo fácil, seguro y de confianza para el intercambio de dinero. Aunque eBay tenía un negocio interno de pagos, Billpoint, los usuarios preferían PayPal. Hoffman preguntó al equipo: «¿Qué es eso de eBay y por qué lo está usando la gente?». La respuesta llegó rápido: «Dios mío, son nuestros clientes», recuerda haber pensado Hoffman. Aquellos usuarios probaron ser un mercado muy fructífero para PayPal.[11] En 2002 PayPal salió a bolsa y fue comprado por eBay por 1.500 millones de dólares. Toda la historia se desarrolló en menos de cuatro años. Nada mal para unas cuantas correcciones drásticas de curso.

PRICELINE

Priceline.com se trata en el capítulo 8, «Perseverancia». Pero la suya también es una historia de adaptación, y del valor de mezclarse en alianzas poderosas. Jay Walker era el cerebro detrás del sistema «Name Your Own Price» [Pon tú el precio], que desarrolló y aplicó a la industria de las aerolíneas. Sobre 1997 su compañía, Walker Digital, implementó el concepto del servicio de billetes para Priceline.com. Las aerolíneas se resistieron a este nuevo modelo atrevido. Después de todo, la industria no lo había inventado, ¿así que cómo iba a ser bueno? Ese era el viejo modo tradicional de pensar, de todas formas. Walker tuvo éxito atrayendo a dos aerolíneas relativamente pequeñas, TWA y America West.[12]

Le seguiría la popular campaña publicitaria que protagonizó William Shatner. Antes de los ingresos, la compañía le pagó a Shatner en parte con acciones de Priceline.com. Los comerciales fueron un éxito. Pero resultó que llevar a la gente a la página web no era una panacea. Priceline vendió más de 30.000 billetes en sus dos primeros meses, pero no pudo suplir la demanda por medio de TWA y America West solamente. Para compensar este déficit, tuvo que comprar billetes para otras aerolíneas en el mercado al por menor y subvencionar las peticiones de los clientes. La compañía perdió dinero.[13]

Al hacer entrar al antiguo presidente de Citicorp Richard Braddock como presidente ejecutivo la compañía reforzó su legitimidad. Priceline fue entonces capaz de firmar con su primera aerolínea grande, Delta, en un trato que incluía el doce por ciento de sus acciones a Delta. Otras aerolíneas siguieron a este pez gordo.[14]

Priceline comenzó a cotizar en el NASDAQ en 1999 y se convirtió en una superestrella del *boom* tecnológico. Después de eso vinieron tiempos duros de diferentes fuentes: intentar abarcar demasiado en mercados disparatados, la explosión de la burbuja puntocom, el trauma en la industria de las aerolíneas y la apertura de la venta de billetes por Internet.[15] Encontrarás más acerca de cómo se está desarrollando la historia en «Perseverancia», incluyendo cómo Priceline ha adaptado su modelo para acomodarse a los cambios del mercado.

———

PayPal y Priceline representan dos ejemplos muy diferentes de adaptación. La historia de Priceline trata de adecuar el concepto a un mercado grande y cambiante, y readaptarlo cuando no tenía éxito. La historia de PayPal trata de una rápida adaptación del núcleo del negocio, y después hacerlo una... y otra... y otra vez hasta que una idea válida echó raíces. En ambos casos esas adaptaciones son mucho más que notas al pie para los archivos. Abrieron nuevas oportunidades de ingresos y nuevos caminos, y aprovecharon lo disruptivo. Los líderes de las compañías demostraron la previsión de ver que el curso donde estaban necesitaba modificarse, o cambiarse completamente, y estuvieron dispuestos a hacerlo.

¿Lo estás tú?

13

ESPÍRITU

Normalmente se llama algo así como «actitud». La literatura empresarial de motivación y el *coaching* están repletos de ello. La ley de la atracción nos dice que los iguales se atraen. Cuanto más positivos y optimistas seamos, más probabilidades tendremos de atraer a otra gente positiva y alentadora. Pero para Sun Tzu esta cualidad es una poderosa fuerza única capaz de dar forma a la hegemonía militar. No se puede entender realmente *El arte de la guerra* sin un estudio del elemento del espíritu, bastante abstracto.

EL ESPÍRITU DEL VIENTO, EL BOSQUE, EL FUEGO, LA MONTAÑA, LA NOCHE Y EL RAYO

Este pasaje combina elementos de los escritos clásicos anteriores a la época de Sun Tzu:[1]

> Que tu rapidez sea la del viento, tu concisión la del bosque. Al asaltar y saquear sé como el fuego, en inmovilidad sé como

una montaña. Que tus planes sean oscuros e impenetrables como la noche y cuando te muevas, cae como un rayo.

Exploremos estos atributos y qué significan para ti en tu pequeña empresa:

Rápido como el viento. El viento no tiene forma. Parece que no viene de ningún sitio. No puede atraparse y cambia de dirección fácilmente. Puede ser extraordinariamente poderoso. Sun Tzu te anima a que seas como el viento, no solo en la velocidad, sino en la adaptabilidad y la fuerza coordinada. La aplicación para tu pequeña empresa es que tus maniobras deberían ser imposibles de predecir. Deberían suceder rápidamente y ser suficientemente poderosas para conseguir los resultados pretendidos.

Concisión como el bosque. La concisión, cuando se asocia con la rapidez, habla de un movimiento que es ajustado y coordinado. De hecho, otras traducciones prefieren *marchar como el bosque*. Si tu gente está unida y se mueve junta, serán mucho más difíciles de dividir. Los bosques también son espesos y densos. La competencia no puede ver el final ni explotar las aperturas débiles, así que se verá sobrepasada por la apariencia de fuerza. El movimiento de tu pequeña empresa debe tener toda la apariencia de coordinación y unificación, a menos que estés intentando engañar fingiendo desorden.

Asalta y saquea como el fuego. El fuego quema y destruye rápida y completamente, a la vez que provoca miedo y caos. Cuando ejecutes un golpe claro debes hacerlo con un poder y un compromiso impertérritos. La velocidad de nuevo es esencial.

Inmovilidad como una montaña. A pesar de lo bien que esté planeado el curso, el líder extraordinario es capaz de modificar sus tácticas en relación con las circunstancias cambiantes. Debes adaptarte a las condiciones inciertas, pero permanecer tan determinado hacia la victoria como una montaña inamovible. La unidad de tu equipo es un factor importantísimo aquí. La división dentro de tus filas tendrá el efecto opuesto, socavando tu determinación y haciéndote más vulnerable a los golpes de tu competidor.

Planes tan oscuros e impenetrables como la noche. Tu siguiente paso debería ser un misterio para la competencia, y tu negocio debería tener las salvaguardas en su sitio para estar seguros de que este es el caso.

Caer como un rayo. En su traducción, Huang se refiere a la oscuridad *tan impredecible como las nubes de tormenta, golpeando como el trueno y el rayo.* El rayo atravesará cualquier cosa para alcanzar el suelo. Como el fuego, el trueno y el rayo pueden causar el caos, y el rayo puede ser fatal. Como el viento, parece que no viene de ningún lado. A poca distancia el trueno puede ser ensordecedor, cosa que se añade al clamor y la confusión. Todos estos fenómenos hablan de la importancia de hacer tus ataques definitivos, bien coordinados e impecablemente planeados.

Estos elementos ilustran la importancia de crear el caos y la incertidumbre entre los competidores, reuniendo todo el poder y la energía coordinada para aguantar y aprovechando la intensa velocidad. Todos son atributos importantes para los artistas marciales eficaces, también.

La velocidad, los movimientos económicos y las intenciones veladas permiten que los golpes y lanzamientos tengan un impacto exponencialmente mayor. Es la idea de caer como un rayo la que más me llama la atención. En el jiu-jitsu entrenamos para estar preparados para cualquier ataque concebible. En vez de permitir que la mente se distraiga intentando averiguar qué ataque vendrá durante el calor del combate, la idea es esta: no importa lo que venga. Estoy preparada para ello. Eso no solo significa estar preparado para defenderte de un ataque feroz, sino la preparación para devolver ese golpe y desanimar, dañar o destruir a un adversario. Como el rayo, una defensa puede ir a la par de un poderoso y amenazante grito que venga del centro de lo que llamamos un *kiai*. Y como el relámpago, no nos detenemos con nada menos que acabar con los enemigos que pretenden herirnos.

GANA PRIMERO

Este es uno de los conceptos sencillos más importantes de todos los de Sun Tzu. Es significativo tanto para los líderes de empresas como para los individuos en su carrera:

> En la guerra el estratega victorioso solo busca batallar después de que se haya obtenido la victoria, mientras que aquel que está destinado al fracaso primero lucha y después busca la victoria.

La idea aquí es que si hemos de triunfar, la victoria debe ocurrir *antes* de la batalla. Esta indicación se aplica a la preparación así como a todas las indicaciones de Sun Tzu a estar bien entrenados y bien posicionados para la victoria. Pero es algo más que eso. Si has hecho toda la planificación y la preparación debidas, y aun así no crees que ganarás, tus probabilidades disminuyen radicalmente. Como reza el conocido dicho de Henry Ford: «Ya sea que pienses que puedes, o que pienses que no puedes, tienes razón». Sun Tzu habría dicho que Ford tenía razón.

Las artes marciales contienen esta ironía. He entrenado con mucha gente en una gran variedad de escuelas. El propósito de las artes marciales, para mí al menos, es la autodefensa. La consideración más importante en todo el entrenamiento de autodefensa es este: ¿puedes defenderte frente a adversarios violentos? Esto proviene de la decisión que ya hayas tomado de ser una víctima o de no serlo. El rango y la experiencia son menos importantes que el espíritu y la mentalidad de «ganar primero» del individuo. He visto a cinturones negros que no creo que pudieran defenderse de adversarios más o menos habilidosos de su propio tamaño, sin hablar de múltiples atacantes armados. Recuerdo que una mujer que había estado entrenándose durante varios años me dijo: «No creo que pueda nunca golpear a un hombre y herirlo».

«Nunca golpear a un hombre y herirlo...». Si yo así lo creyese, nunca saldría de casa.

La idea de Sun Tzu aquí es que la victoria precede a la batalla, tanto en términos prácticos como en el espíritu que dice: «No seré una víctima», o «Voy a conseguir ese ascenso», o «Esta cuenta es mía». Mucho más que un pensamiento de deseo, si lo adoptas y lo aplicas, el carácter de ganar antes de pelear cambiará para siempre cómo haces negocios.

MANTENLOS LISTOS

Sun Tzu es inflexible en que las victorias deben conseguirse lo más rápidamente posible. Una de las consecuencias más importantes de esto es la moral de la gente que pelea por él:

> De nuevo, si la campaña se prolonga, los recursos del Estado
> no serán iguales a la presión.

Uno de los mayores recursos que tuvo él —y que tienes tú— son las personas.

Ahora, cuando tus armas estén sin filo, tu ardor se haya apagado, tu fuerza esté exhausta y tu tesoro gastado, otros caciques aparecerán para sacar ventaja de tu situación extrema. Entonces ningún hombre, por sabio que sea, será capaz de prevenir las consecuencias que resultarán.

Cuando estás agotado eres débil y vulnerable. Busca los mismos indicadores en tus competidores y planifica tus movimientos contra ellos. Estas son oportunidades para convertir su desventaja en tu ventaja.

Los líderes de pequeñas y medianas empresas siempre deben recordar el llamado de Sun Tzu a ser buenos administradores de la gente que confía en ti, honrar su fuerza y habilidad y darles los recursos que necesitan para ganar. La gente lista no trabaja mucho tiempo para organizaciones aburridas que no intentan alcanzar el máximo que pueden.

No tolerarán organizaciones que no puedan conseguir objetivos y aprovechar oportunidades, tampoco. Como dice Sun Tzu:

De este modo, aunque hemos oído hablar de la prisa estúpida en la guerra, la inteligencia nunca se ha visto asociada con las largas demoras.

Por lo tanto, en el principio la moral es alta, después decae y por último se disipa.[2]

Debes mantener la moral alta, no solo en el comienzo, cuando es más fácil, sino continuamente, entre los enfrentamientos y durante todo el tiempo.

TOMA VENTAJA DEL ESPÍRITU BAJO DE LA OPOSICIÓN

Estudia a tu adversario para que puedas usar los altibajos de la fuerza de su espíritu:

Un general inteligente, por lo tanto, evita un ejército cuando su espíritu es fuerte, pero lo ataca cuando está indolente e inclinado a la retirada. Este es el arte del estudio de los estados de ánimo.

¿Cómo tomarás ventaja de ello?

DESTRUYE LA MORAL DE SUS ALIADOS

No solo debes buscar dañar el espíritu y la unidad del adversario, sino también buscar dañar el de sus aliados y redes de provisión:

> Cuando un príncipe guerrero ataca a un estado poderoso, su generalato se muestra al prevenir la concentración de las fuerzas del enemigo. Intimida a su oponente y sus aliados evitan unirse contra él.

Puedes buscar desarrollar relaciones exclusivas y/o más fructíferas con los aliados de tu competidor, o posicionarte con recursos clave de confianza para ser más sagaz que tu competencia. ¿De qué más modos puedes interrumpir las alianzas de tu competidor?

EXPLOTA LA APERTURA

La preparación y la planificación son importantes a la hora de crear y tomar ventaja de los fallos en la capacidad del enemigo para lanzar ataques o proveerse de defensas. Pero el papel del espíritu que actúa con decisión es incomparable:

> Al principio, pues, exhibe la timidez de una doncella, hasta que el enemigo te ofrezca una apertura; después emula la rapidez

de una liebre corredora, y será demasiado tarde para que el enemigo se te oponga.

Ahora solo *puedes* explotar las aperturas, pero para Sun Tzu es un mandato:

> Si el enemigo deja una puerta abierta, debes entrar.

CONQUISTAR A UN ENEMIGO YA DERROTADO

> Él gana batallas sin cometer errores. No cometer errores es lo que establece la certeza de victoria, porque significa conquistar un enemigo que ya está derrotado.

¿Qué significa conquistar a un enemigo que ya está derrotado? La ejecución inmaculada claramente es parte de esta indicación. Pero Sun Tzu continúa:

> He aquí el luchador habilidoso se pone a sí mismo en una posición en la que hace la derrota imposible, y no pierde la oportunidad de derrotar al enemigo.

Sun Tzu exige vigilancia para aprovechar cada oportunidad para derrotar al enemigo. El líder fuerte sabe cuándo tiene la posición superior, comprende la condición de fuerza o debilidad relativa del adversario y tiene los medios para atacar y ganar con rapidez y decisión.

Huynh traduce este pasaje así:

> No cometer ningún error de cálculo significa que las victorias son seguras, consiguiendo una victoria sobre aquellos que ya han perdido.

Sigue la indicación de Sun Tzu y entra en batallas donde hay menos oportunidades de error de cálculo.

SÉ IRRESISTIBLE

Este es otro mandato para un espíritu fuerte al que el líder de una pequeña o mediana empresa debería prestar atención:

> Por lo tanto, el buen luchador será terrible en su comienzo, y rápido en su decisión.

Huang traduce este pasaje de este modo:

> Aquellos sofisticados en la batalla tienen un poder de combate que es irresistible y un lanzamiento restringido de la fuerza que es instantáneo.

Piensa en la importancia de una toma de decisión rápida y comprometida en la capacidad de tu organización para librar un «lanzamiento restringido de la fuerza».

Sun Tzu continúa su discusión sobre la dispensación de la energía:

> La energía puede compararse con la flexión de una ballesta; la decisión, con la liberación de un gatillo.

La planificación y la decisión son puntos clave. La cuestión para el emprendedor y el ejecutivo de una pequeña empresa es: ¿cómo estás flexionando la ballesta? ¿Sabes cuándo soltar el gatillo?

No todos los líderes de negocios son buenos y fiables a la hora de tomar decisiones. Muchas veces los gerentes más jóvenes, con menos experiencia e inseguros tienen tendencia a pedir una segunda opinión a sus decisiones y cambiar de dirección. Esto hace que la plantilla se pare. Al final estarán siendo condicionados a operar en un camino lento porque les resultará más conveniente. ¿Por qué deberían moverse con rapidez para poner un plan en acción si creen que su liderazgo cambiará de rumbo al día siguiente? Eso es fracasar al consolidar victorias, y es, como mínimo, tonto y, en el peor de los casos, desastroso para las pequeñas empresas.

Además de provocar un movimiento lento, anulando así una ventaja clave de las pequeñas empresas, esta toma de decisiones imprecisa también acalla el entusiasmo y provoca confusión entre las filas. Si has llegado hasta aquí en *El arte de la guerra para la pequeña y mediana empresa*, sabrás que esas son consecuencias muy peligrosas que amenazarán al pequeño negocio que las sufre.

LO QUE ATACAR CON FUEGO NOS DICE DEL ESPÍRITU

El capítulo 12 de *El arte de la guerra* es un capítulo corto sobre el uso del fuego en los ataques. Algunos elementos de este capítulo son una ilustración del espíritu.

> Para llevar a cabo un ataque debemos tener medios disponibles.
> El material para levantar fuego siempre se tendrá preparado.

También debemos estar físicamente preparados y con un espíritu sólido para lanzar un ataque. Sun Tzu escribe sobre la preparación para hacer frente a cinco posibles desarrollos, incluido el fuego:

> Cuando el fuego irrumpe dentro del campamento del enemigo, responde sin perder tiempo con un ataque desde el exterior.

Prepárate para lanzarte en picado cuando haya confusión, interrupción y desorden. Esto es cierto ya sea que tú ataques, como Sun

Tzu indica aquí, o si aprovechas una oportunidad causada por otras condiciones, incluyendo la desgracia del enemigo.

O como dijo el alcalde de Chicago Rahm Emanuel: «Uno nunca quiere que una crisis seria se eche a perder».

EL ESPÍRITU DE SALESFORCE

El arte de la guerra le dio a Marc Benioff, director ejecutivo de Salesforce.com, la confianza que necesitaba para entrar en una industria dominada por jugadores mucho más grandes. «En última instancia, es como [nosotros] nos enfrentamos a toda la industria del *software*», escribió Benioff en el prólogo de *The Art of War: Spirituality for Conflict* [El arte de la guerra: espiritualidad para el conflicto].[3] Benioff es una estrella de la industria tecnológica, y un entusiasta de Sun Tzu. En el ejemplo de Benioff encontrarás algunas ilustraciones muy ricas de las tácticas de Sun Tzu, ejecutadas por un profesional que está bien versado en las enseñanzas del sabio. Benioff también tiene bastante sentido del humor. (La fama se la debe a Julie Bort de *Business Insider* por proporcionar un buen resumen de momentos destacados).

Ocurrió un famoso incidente poco después del lanzamiento de Salesforce.com. En un movimiento muy inteligente, la compañía contrató actores como «manifestantes», así como un falso equipo de televisión, para la conferencia de usuarios de Siebel Systems. Un gran jugador, Siebel (ahora parte de la Oracle Corporation) era el mayor rival de Benioff. Salesforce estaba introduciendo un nuevo y atrevido modo de ofrecer *software* para la administración de la relación con los clientes (CRM por sus siglas en inglés) vía Internet. Los «manifestantes» formaron piquetes en el local cantando consignas como «Internet está completo... ¡el *software* está obsoleto!» y «NO SOFTWARE».[4]

Ese incidente fue tan mediático que animó a Siebel a protestar a su propia manera y llamó a la policía. Benioff dijo que el montaje removió las emociones del adversario, cosa que él reconoció que era un ejemplo sacado de *El arte de la guerra.*[5]

Pero creo que este otro ejemplo de las crónicas de Benioff es mi favorito.

En otro evento de Siebel, este en Cannes, Francia, Benioff y su compañía alquilaron todos los taxis del aeropuerto que iban desde Niza hasta Cannes —«capturando» a gran parte de los asistentes—, y entonces usaron los cuarenta y cinco minutos del viaje para venderles Salesforce. De nuevo, Siebel llamó a la policía.[6]

Microsoft le estaba prestando atención a los métodos exagerados e inesperados de Benioff de llamar la atención para llegar al competidor. En 2010 Microsoft contrató a gente para que se subiera a unos Segways en una conferencia de Salesforce y llevaran un anuncio que portaba a un hombre, supuestamente un usuario corporativo, que decía «I didn't get forced» [No me han obligado], en un juego de palabras con Salesforce. Si la jugada de Microsoft fue inteligente, la respuesta de Benioff fue incomparable. Durante su discurso de apertura subió al escenario al hombre que había protagonizado el anuncio y rogó al cliente falso que usase Salesforce. El actor accedió, y la multitud se puso en pie para aplaudir.[7]

En otra exhibición mediática, se le pidió a Benioff que diese el discurso inaugural en la conferencia OpenWorld de Oracle en 2012. Larry Ellison, presidente ejecutivo y cofundador de Oracle, es el mentor de Benioff y su antiguo jefe. También es estudiante de Sun Tzu, y las compañías son rivales. Esa combinación lo convierte en un campo de juego muy interesante. Cuando Oracle anunció que aplazaría el discurso de Benioff más adelante esa semana, él protestó, diciendo: «Se acabó el espectáculo». Benioff emitió un comunicado de prensa y tuiteó que Oracle había «cancelado su discurso» y que lo daría en el restaurante de un hotel cercano.[8]

El presidente de Salesforce usó cambio de local para mostrar el producto Chatter, en un giro que pudo significar haber alcanzado a una audiencia en directo mucho mayor. Llamó especialmente la atención al postular que el *software* de su compañía, en la nube y sin patente, es «inconformista» y que su discurso fue reubicado debido a la gran amenaza que Salesforce supone para Oracle. Benioff lo llevó aún más lejos y usó la situación para ilustrar lo rápido y eficazmente que su gente se podía mover para conseguir el nuevo local, los carteles y la promoción, todo usando la red social de Salesforce Chatter. Benioff dijo que era algo que dudaba que la compañía hubiera podido sacar adelante unos cuantos años antes,[9] aunque probablemente habrían hecho *algo* para conseguir la atención.

De sus tácticas para provocar la ira de Siebel, Benioff dijo que ilustraban dos de las indicaciones de Sun Tzu:

* *Aparece en lugares donde él deba correr para defenderse, y corre hacia lugares donde él menos se lo espere.*
* *Aquellos habilidosos en la batalla mueven al enemigo, y no son movidos por el enemigo.*[10]

14
ENGAÑO

Las pequeñas y medianas empresas pueden sacar provecho del engaño para confundir e interrumpir a sus competidores. Puedes incluso permitir que las interpretaciones erróneas de la competencia se pongan en su contra y a tu favor. Sabes que el cosmos empresarial actual ofrece oportunidades sin precedentes para que empresas emergentes con visión de futuro y empresas virtuales creen y se formen una percepción que les permita sobrevivir y prosperar entre los grandes adversarios. ¿Deberían las pequeñas empresas exagerar cómo son percibidos para aparentar ser más grandes de lo que son? ¿O deberían pasar desapercibidos hasta que sea tiempo de aprovechar un asalto oportuno? ¿O puede ser una combinación de ambas cosas la respuesta para tu empresa?

Mi enfoque en este capítulo trata sobre modos éticos de hacer uso del engaño, la desinformación y la inteligencia para emprender negocios. No estoy sugiriendo la deshonestidad, porque no es así como yo hago negocios. La guerra, por otro lado, es una cuestión diferente.

Toda la guerra está basada en el engaño.

El engaño es la pieza clave de *El arte de la guerra*. ¿Pero qué significa este pasaje esencial de Sun Tzu, citado tan a menudo, para los líderes de pequeñas y medianas empresas de hoy?

CONTROLA Y DA FORMA A LAS APARIENCIAS

Sun Tzu enseña que el general superior dará forma al modo en que sus fuerzas son percibidas por el adversario, y que él mantendrá sus planes escondidos. En «Espíritu» (capítulo 13) estudiamos esta indicación sobre cómo ser como el viento, el bosque, el fuego, las montañas, la oscuridad y el rayo en nuestras acciones. Recuerda este mandato:

Que tus planes sean oscuros e impenetrables como la noche y cuando te muevas, cae como un rayo.

Más allá de mantener tus planes fuera del alcance de los adversarios, Sun Tzu llama a controlar cómo el enemigo nos percibe:

Cuando podamos atacar, debemos parecer incapaces; cuando usemos nuestras fuerzas, debemos parecer inactivos; cuando estemos cerca, debemos hacer creer al enemigo que estamos muy lejos; cuando estemos lejos, debemos hacerle creer que estamos cerca.

El ejemplo que usé en *Sun Tzu for Women* [Sun Tzu para mujeres] para ilustrar este principio de parecer algo que no somos todavía es mi favorito. Marsha Serlin fundó United Scrap Metal Inc. en 1978, con solo 200 dólares y un camión alquilado. Se la infravaloraba continuamente durante aquellos años, una mujer solitaria en un club solo para chicos. Después de que la novedad, en lo se refiere a competencia, desapareciera, ella pasó desapercibida, al estilo de Sun Tzu. Sus operaciones se llevaban a cabo en un viejo edificio destartalado que ella decía que le recordaba al escenario de *Sanford and Son*. La fachada era a propósito. Según fue creciendo el negocio, Serlin compró clandestinamente todas las propiedades de detrás. Convirtió lo tortuoso en directo con éxito. Hoy United Scrap procesa 140.000 toneladas de acero al año y ha conseguido 250 millones de dólares en ingresos en 2012.

Otro ejemplo excelente de un negocio que da forma a la percepción es Carnival Cruise Lines, la compañía de cruceros más grande del mundo. Sí, la marca ha tenido algunos desastres públicos, y habrá que ver la regularidad de su navegación a corto y largo plazo. Pero los primeros tiempos de Carnival proporcionan algunas ilustraciones útiles sobre dar forma a la percepción, así como la forja de alianzas poderosas, como mencionamos en el capítulo 6. Cuando la línea de cruceros comenzó tenía un solo barco y nada de capital real. Como solo se podía permitir pintar un lado del barco, Carnival lo atracó con la parte pintada hacia fuera.[1]

USAR Y CREAR EL CAOS

Sun Tzu es un defensor de crear una apariencia exterior de caos y confusión para atraer al adversario. Esta estrategia conlleva ciertos riesgos para los negocios que operan en un mundo abierto y transparente. No quieres que cualquier apariencia de debilidad o confusión influya en tus clientes, compañeros o inversores potenciales.

La historia de los primeros tiempos de United Scrap Metal de nuevo ilustra lo que Sun Tzu dice acerca de la apariencia de caos:

> En medio del bullicio y el tumulto de la batalla, puede que haya desorden aparente y nada de desorden real; en medio de la confusión y el caos, tu formación puede que esté sin cabeza o sin cola, y aun así será probada contra la derrota.

Pero crear una apariencia tal de desorden y debilidad requiere fuerza y disciplina:

> El desorden simulado postula una perfecta disciplina; el miedo simulado postula valentía; la debilidad simulada postula fuerza.

Sun Tzu está diciendo que solo el líder estructurado, estratégico y fuerte puede demostrar con éxito la apariencia de caos y debilidad al adversario... y usarla para su provecho. Esto es más que una consideración matizada para tu pequeña empresa, sin embargo. Nunca se debe permitir que las apariencias de debilidad, desorden y miedo dañen la percepción pública de tu empresa, a menos que sea por un periodo muy corto de tiempo y con la victoria al alcance de la mano. El equilibrio de poder debe regresar rápidamente a tu favor. No importa lo bien o lo mal que lo estés haciendo, lo que importa es lo bien que tus clientes y las personas influyentes del mercado piensen que lo estás haciendo. Los empleados, por supuesto, también importan.

ATRAE AL ENEMIGO

> De este modo, el que es habilidoso al mantener al enemigo en movimiento mantiene apariencias engañosas, según lo cual el enemigo actuará. Él sacrifica algo, que el enemigo puede arrebatarle.

Este consejo es más sencillo de aplicar en el nivel interpersonal. Conocí a los propietarios de una pequeña firma que estaban enfrentándose a una base de clientes cada vez más escasa en una economía desfavorable. Estaban mirando si vender la empresa. El valor de la empresa para un comprador no era importante, pero pensaron en un modo de maximizarlo. Contactaron con el propietario de una firma de la competencia que era bien conocido por tomar decisiones basadas en su ego y en una inseguridad característica. Habían trabajado con él en el pasado y conocían sus motivaciones. Fueron capaces de conseguir una cantidad varias veces por encima del valor de su empresa en esta adquisición apelando al ego del competidor y ayudándole a sentirse como un pez gordo.

Tiende cebos para atraer al enemigo. Finge desorden y aplástalo.

Los propietarios no buscaban aplastar al competidor, sino vender su firma y avanzar hacia otros propósitos. Sacrificaron su orgullo personal al mimar su ego, pero al final recibieron más dinero del que habrían obtenido de otro modo, y fueron capaces de ponerle un pequeño lazo al negocio en ese momento de sus carreras. Cuanto mejor conozcas al enemigo, más capaz serás de dar con el anzuelo que le atraiga.

PROTEGE TUS SECRETOS

Mantener al enemigo en movimiento también significa cambiar las apariencias para que él tenga que adivinar tus siguientes pasos reales:

Al alterar sus preparativos y cambiar sus planes, mantiene al enemigo sin conocimiento definitivo. Al cambiar su campamento y tomar rutas tortuosas, evita que el enemigo se anticipe a su propósito.

El presidente de Salesforce Marc Benioff obviamente no tiene miedo de enfrentarse a gigantes de la industria, incluyendo a Microsoft, y los mantiene preguntándose por el siguiente movimiento de la firma. Pero cuando Microsoft devolvió el golpe con su promoción de «I didn't get forced» [No me han obligado] en Segways en la conferencia de Salesforce (usando un juego de palabras con el nombre de su competidor), Salesforce respondió como si hubiera estado esperando el ataque de Microsoft. Cuando el adversario cae en tu trampa, aunque consista en una trampa que hayas construido sobre la marcha, apresúrate para capturarlo. La indicación de Sun Tzu de usar «un cuerpo de hombres escogidos» es instructiva. Un esfuerzo como este solo debería dejarse a los jugadores más concienzudos, sensibles e inteligentes. De otro modo no se puede confiar en que sea eficaz.

No permitas que los adversarios comprendan tus planes o tomen perspectiva:

> El día en que la guerra es declarada, cierra todas las fronteras, destruye todos los pasaportes y no permitas que pasen sus enviados.[2]

Piensa en cómo pueden abrirse tus fronteras para aquellos que busquen obtener información para competir contigo. ¿Eres vulnerable? ¿Están en peligro tu propiedad intelectual, tus secretos corporativos y tus maniobras ocultas? Si es así, estos errores podrían comprometer tu futuro.

> Si una porción secreta de noticias es divulgada por un espía antes de tiempo, debe ser condenado a muerte junto con el hombre al que se le ha contado el secreto.

De acuerdo, puede que esto sea un poco drástico para las empresas. Pero la idea es importante. Las penalizaciones por filtrar información y violar los secretos corporativos y las informaciones internas sobre movimientos deben ser severas. Lejos de provocar la muerte de los traidores, todas las empresas, incluyendo las pequeñas, deberían tomar precauciones legales. Los acuerdos de confidencialidad ayudan a proteger la información privada de tu empresa. Estos acuerdos establecen relaciones confidenciales con subcontratistas, nuevos empleados, compañeros de negocios y todos y cada uno de los que tengan acceso privilegiado a cualquier información competitiva.

Los documentos de no competencia y no solicitación prohíben que los empleados dejen sus trabajos para comenzar empresas competidoras. Dependiendo del acuerdo, también puede evitar que los empleados trabajen para empleadores de la competencia durante un periodo de tiempo específico. Los acuerdos de no solicitación evitan que los empleados capten a tus clientes para sus propios propósitos. También pueden restringir que los empleados soliciten a compañeros trabajadores de tu compañía para que se unan a una nueva empresa competidora del empleado. Piensa en todos estos riesgos mientras desarrollas protección legal para tu pequeña empresa.

Trabajé con una pequeña firma de desarrollo de *software* que o no tenían los acuerdos de no competencia en orden o pensaban que nunca necesitarían uno para su empleado superestrella. Esta compañía tampoco tenía acuerdos de no solicitación con sus clientes para evitar que contrataran a sus empleados. Así pues, ocurrió lo inevitable. El cliente más grande de la compañía contrató a su desarrollador de *software* más talentoso. Este suceso fue devastador para la joven compañía, causó un daño irreparable a la relación con el cliente y condujo a una fuerte reducción del valor del proyecto. Fueron días oscuros para la compañía. Aprendieron de sus caros errores y pusieron en orden sus acuerdos.

DIVIDE AL ENEMIGO

También la unidad es un elemento esencial para Sun Tzu. Mientras que tú unes tus fuerzas, ¿cómo puedes dividir las de tu enemigo? Al mantenerlo intentando averiguar dónde pelearás después, tendrás al adversario a la defensiva:

El punto donde tenemos la intención de luchar no debe ser conocido; porque entonces el enemigo tendrá que prepararse para un posible ataque en varios puntos diferentes; y sus fuerzas estarán por lo tanto distribuidas en muchas direcciones, los números que tendremos que enfrentar en cualquier punto serán pocos proporcionalmente.

Aquí de nuevo está la llamada a mantener al enemigo inseguro acerca de cómo, dónde y cuándo golpearás:

Por lo tanto, si podemos hacer que el enemigo muestre su posición mientras nosotros permanecemos informes, estaremos a pleno rendimiento mientras que el enemigo es dividido.[3]

Carencia de forma con fluidez de movimiento es un principio avanzado en algunas artes marciales. De nuevo aquí usamos el agua para connotar la flexibilidad y la capacidad de adaptarse a cualquier situación. El objetivo es «fluir» con un atacante. Deja que comparta contigo un ejemplo.

A mi instructor de jiu-jitsu, Randy Hutchins, es difícil hacerle una llave. Es tan bueno fluyendo que hacerle una llave a él es como, bueno, hacerle una llave al agua. Justo cuando piensas que lo tienes, él relaja lo que sea que tú pienses que le tienes agarrado, entonces cambia y se encauza de nuevo. Tú terminas sobre tu trasero, generalmente acompañado de una importante cantidad de dolor y, si tienes cierto sentido de la ironía, apreciación.

También es una persona de la que es muy difícil escapar una vez que te ha agarrado. Yo puedo responder a llaves de otra gente, pero de él es una historia completamente diferente. Hasta que un día le pillé. Me tenía en una de sus famosas llaves de muñeca cuando me sorprendí a mí misma haciendo lo que él me había dicho que hiciera, y me relajé y escapé. No me costó nada. Sin forma. Como el agua.

Estaba sorprendida. ¡Funcionó! Creo que él estaba más complacido que sorprendido, puesto que había estado esperando a que finalmente yo «pillase» ese concepto. Para mostrar su felicitación, me extendió la mano. Satisfecha de mí misma, se la estreché felizmente. Y él me hizo una [elige aquí tu improperio] llave. Fue impagable.

SÉ SELECTIVO

> Por lo tanto él no procura aliarse con todos sin excepción, ni favorece el poder de otros estados. Realiza sus propios diseños secretos, manteniendo a sus antagonistas en expectación. Así es capaz de capturar sus ciudades y derrocar sus reinos.

Hablamos de este pasaje en el estudio sobre la construcción de alianzas en el capítulo 6. Pero recuérdalo, también en el contexto del engaño. Además de escoger aliados que jueguen un claro papel en tus objetivos estratégicos, debes asegurarte de que son leales. Asegúrate de recordarles recurrentemente que eres un socio poderoso, y que trabajar contigo les interesa mucho. Obtener fuertes aliados para tu bando además ayuda a mantener a los antagonistas en el temor. Pero recuerda: hacer uso de los aliados para dominar tu mercado no consiste en coleccionar acuerdos de asociación o un lote de logos. Si compartes los mismos aliados y socios con tus competidores, ¿cómo va a representar eso una ventaja para tu empresa?

LA INTELIGENCIA DEBE ILUMINAR EL MOVIMIENTO

Los espías son recursos indispensables para Sun Tzu:

> Solo el soberano iluminado y el sabio general usarán la mayor inteligencia del ejército para propósitos de espionaje y por lo

tanto conseguirán grandes resultados. Los espías son un elemento importantísimo en la guerra, porque de ellos depende la capacidad del ejército para moverse.

Escudriñemos más a fondo lo importante que es esta información. Sun Tzu dice:

> Lo que capacita al sabio soberano y al buen general a golpear y conquistar, y a conseguir cosas más allá del alcance del hombre ordinario es la predicción. Ahora, esta predicción no se puede obtener de los espíritus; no puede ser obtenida inductivamente de la experiencia, ni por ningún otro cálculo deductivo. El conocimiento de las disposiciones del enemigo solo se puede obtener de otros hombres.

Estos «otros hombres» son espías, «el elemento más importante en la guerra». Miremos la clasificación que hace Sun Tzu de los espías.

Tipos de espías

Sun Tzu nos habla de cinco clases de espías:

1) Espías locales; 2) espías interiores; 3) espías conversos; 4) espías condenados; 5) espías supervivientes.

Aquí, pues, están las descripciones de Sun Tzu de cada uno de ellos, con un comentario sobre la aplicación a tu empresa.

1. Para espías locales usamos la gente del enemigo.[4] Pueden ser los empleados de tu competidor que tienen poca lealtad pero información útil.

2. Tener espías interiores, hacer uso de oficiales del enemigo. Los oficiales pueden aplicarse a ejecutivos y a personal de nivel superior. Ellos pueden proporcionar información pública o privadamente, desde conversaciones imprudentes hasta declaraciones que hagan en la prensa y redes sociales.

3. Tener espías convertidos, haber captado a los espías del enemigo y usarlos para nuestros propios propósitos. Esta descripción puede aplicarse a los antiguos empleados y compañeros empresariales de la competencia. También puede describir a proveedores y vendedores amigables. Pero ten cuidado, naturalmente, puesto que igual que los proveedores pueden compartir información contigo también pueden compartir información con la competencia. Esa es una buena razón para ser selectivo: elige vendedores acreditados y de alta integridad y trátalos con dignidad y honor.

Los espías convertidos pueden llevar a incluso más recursos:

Es por medio de la información traída por el espía convertido que somos capaces de conseguir y emplear espías locales e interiores.

4. Tener espías condenados, haciendo ciertas cosas abiertamente con el propósito de engañar, y permitir a nuestros espías conocerlos y reportarlos al enemigo. Los espías condenados son aquellos que no tienen valor para ti y en los que no puedes confiar. Pueden ser útiles al llevarle señales falsas al enemigo, cosa que él puede usar para sacar conclusiones erróneas.

5. Espías supervivientes, finalmente, son aquellos que traen noticias del campamento del enemigo. Para tus propósitos, los espías supervivientes son similares a los espías locales. La diferencia es que los espías supervivientes son quizá los empleados peor tratados por tus competidores, o incluso vendedores y socios que estarán muy motivados a compartir información contigo.

Recuerda siempre que el líder inteligente de una pequeña y mediana es aquel que reconoce el valor de tener amigos de confianza, y quien sabe el costo de crear enemigos.

Sun Tzu sigue a la descripción de los cinco tipo de espías con este pasaje:

> Por lo tanto, de aquellos cercanos al ejército, ninguno es más cercano que los espías, ninguna recompensa dada con más generosidad y ninguna cuestión en mayor secreto. Solo el soberano más sabio puede usar espías; solo el general más benevolente e íntegro puede usar espías, y solo la persona más atenta y observadora puede obtener la verdad usando espías.[5]

Claramente, la reunión de información es un asunto serio que requiere secreto, generosidad, benevolencia y alerta. También requiere la capacidad de ofrecer recompensas dignas. Sun Tzu dice que eres sabio si mantienes a estos informantes cerca de ti.

Como tratar a los «espías»

El cuidado y la alimentación adecuados de las fuentes de información son esenciales para Sun Tzu:

> Los espías del enemigo que han venido a espiarnos deben ser buscados, tentados con sobornos, conducidos a otra parte y alojados confortablemente. Así se volverán espías conversos y disponibles para nuestro servicio.

Sun Tzu llama a un cuidado particularmente generoso de los espías conversos:

El fin y el propósito de espiar en todas sus cinco variedades es el conocimiento del enemigo; y este conocimiento solo se puede derivar, en primera instancia, de los espías conversos. Por lo tanto es esencial que los espías conversos sean tratados con suprema generosidad.

MODOS PRÁCTICOS DE GANAR CON ENGAÑO

Existe una plétora de métodos inspirados en Sun Tzu que tu pequeña empresa puede desplegar para superar a la competencia. Estas son algunas ideas que puedes considerar adoptar o mejorar:

Birlar al personal de ventas

Contratar al personal de ventas de tus competidores es un modo inteligente de obtener información acerca de lo que están vendiendo y de cómo se están posicionando. También es una herramienta para capturar a los trabajadores destacados del competidor para el beneficio de tu empresa. Jay Abraham ha reducido esta idea a una ciencia. Dice que debes determinar tus beneficios incrementales brutos de una primera venta (p. ej., beneficios antes de que todos los gastos generales hayan sido amortizados) después de unos serios gastos directos. Después, una vez que conozcas ese número, ve a los mejores vendedores de tu competidor. Ofréceles contratarles y darles el cien por cien de los beneficios (o más) por todas las nuevas cuentas que traigan, siempre y cuando cambien de empleadores y vayan a ti y se queden por un periodo acordado.[6]

Felix Dennis dijo que nunca ha conocido a una sola persona en una organización rival, ni siquiera una bien pagada y a la que se cuidase, que no quisiera reunirse con él para tomar algo después del trabajo. Él le da un buen uso a esos encuentros. «He descubierto más acerca de lo que los rivales han estado haciendo de esta manera que de ninguna otra. Y he birlado a los buenos», dijo en su autobiografía.[7]

Hazte amigo de los posibles clientes

Si les gustas a tus clientes, y especialmente si no les gusta o no respetan a tus competidores, te mostrarán las ventas, materiales, presentaciones e incluso propuestas de tu adversario. ¿Es ético? Depende de a quién se lo pidas. ¿Son aplicables las multas contra esta práctica? Probablemente no.

Reúne información en reuniones de ventas, también. Averigua en contra de quién estás, y todo lo que puedas acerca de cómo están vendiendo en tu contra. De nuevo, si a tus posibles clientes les gustas más que los otros candidatos, te sorprenderá cuánto querrán compartir contigo. Yo lo he hecho frecuentemente.

Averigua por qué ganas y por qué pierdes

Cuando ganes averigua por qué. ¿Qué hay en ti que se sobrepuso a los competidores? ¿Por qué cree el cliente que tú eres la opción superior? Ten cuidado aquí: la cuestión no es por qué tú piensas que eres la opción superior. Es por qué el cliente dice que ellos creen que lo eres.

Y aunque es menos placentero, cuando pierdes es igual de importante averiguar por qué. Puede que sea incluso *más* importante averiguar por qué pierdes que por qué ganas. Me sorprendo todo el tiempo por el número de profesionales de ventas que no preguntan por los negocios contra los que luchan y por los jugadores que pierden. Lo peor que pueden decirte tus posibles clientes es que no quieren decírtelo. Pero si haces las preguntas adecuadas del modo adecuado, te pondrás en posición para obtener información de alto valor. Las relaciones lo son todo. Considera llevarte a comer a posibles clientes clave o a tomar algo para conseguir la mayor información, incluso para una empresa que hayas perdido. La gente es mucho más comunicativa en escenarios fuera de la oficina y después de una simple bebida.

Haz un análisis del caso perdido. Cuando pierdes clientes no te vuelvas hacia adentro simplemente y escuches lo que te dice tu equipo. Casi siempre hay demasiadas suposiciones así. Para averiguar por qué pierdes clientes debes dejar que una parte independiente lleve a cabo un estudio para que puedas llegar a las razones reales. Dar este paso garantiza prácticamente iluminar algunas debilidades de tu organización de las que probablemente no seas nada consciente. Es más costoso no hacer este análisis que hacerlo.

Rastrea la prensa

Vigilar a los competidores conocidos y aprender acerca de los nuevos por los medios no es nada nuevo. Mucho antes de las herramientas de búsqueda que gobiernan hoy en día, las compañías contrataban servicios de recortes para rastrear la prensa. Hoy es más fácil que nunca tener acceso a las historias de los medios, pero con la miríada de distribuidores de medios de negocios, es difícil procesar toda la información que encuentras. Establece alertas de Google para tu empresa, para tus competidores importantes, clientes y otras palabras clave del mercado. Si estás en un entorno competitivo y necesitas controlar a los jugadores, incluye periódicos locales y diarios de las regiones de tus competidores. Puede que las compañías tengan menos cuidado de lo que dicen a los reporteros locales que lo que dirían a un medio nacional o un diario de gran tirada.

Sondea las ferias

Las ferias son un modo excepcional de conseguir contactos. Pero lo que las pequeñas empresas no aprecian a menudo es que las ferias también son un modo excepcional de conseguir información. Puedes enviar empleados e incluso socios, aliados y clientes a escuchar en charlas y demostraciones. La esposa del presidente de una compañía de tecnologías de la salud con la que trabajé es enfermera. Ella iba a muchas muestras de la industria para obtener información de los competidores y, como enfermera, tenía acceso sin trabas a las charlas de ventas sin custodiar de los competidores. Asegúrate de que tus «espías» estén equipados con las preguntas adecuadas para obtener información útil, y no que simplemente regresen con los mismos folletos que obtiene todo el mundo.

Entra en su lista de correo

Únete a las listas de correo de tus competidores para que puedas estar al día de noticias y anuncios de productos. Inscríbete a los seminarios en línea y descárgate libros blancos y demos para reunir tanta información sobre el competidor como sea posible. Debido a las acciones de los competidores, yo siempre sugiero que las compañías tengan acceso a información fundamental con permiso del usuario para que al menos puedas intentar cribar a los rivales.

Compra sus secretos

Si tu competidor es vendedor al por menor con una localización física, deberías poner como prioridad tener un empleado o contratar a alguien que vaya a las naves y observe hasta donde sea posible las instalaciones, sus clientes y su equipo. Puedes llamar a los teléfonos de información y de atención al cliente de la compañía y evaluar la fuerza de su servicio. Puedes contratar una firma de compras misteriosas, también, y pretender ser un posible cliente. No soy muy amiga de esta táctica porque es abiertamente deshonesta, pero también es una práctica muy común. Deberías ser consciente de que se hace y permanecer vigilante si se hace contra tu pequeña empresa.

Five Guys usa un método inteligente para comprar secretos... dentro de su propia empresa. La cadena de restaurantes lleva a cabo auditorías de cada tienda cada semana. Un comprador secreto entra, bajo la apariencia de cliente, y evalúa la plantilla en la limpieza de los baños, la cortesía y la preparación de la comida. A diferencia de hacérselo a la competencia, esto es juego limpio. Los empleados están al tanto de la política, que se utiliza para mantenerlos atentos y para contribuir a una cultura de servicio excepcional. Las plantillas ganadoras son incentivadas con recompensas en efectivo. El presidente Jerry Murrell dice que la compañía paga hasta doce millones de dólares anualmente a los ganadores de estas inspecciones.[8] Si ves esto como un gasto, tu pensamiento es limitado.

Busca en Google páginas escondidas

Sabes buscar en lugares públicos en línea información sobre tus competidores. ¿Pero sabes la de páginas escondidas que puedes encontrar? Las búsquedas por el formato del archivo (filetype:doc, o pdf, xls y ppt) o por página o dominio (site:nombredelacompañía) pueden descubrir datos o presentaciones. Los competidores u otra gente que tenga estos recursos pueden colgarlos en un enlace que ellos creen que está escondido, e incluso pueden haberse olvidado de ellos.[9]

Presta atención a las redes sociales

Este esfuerzo puede ser más bien algo tedioso, pero también puede ser una fuente de valiosa información acerca de la gente de tu competidor en las redes sociales. Es posible que un competidor tenga uno o dos vendedores que sean particularmente habladores. A los vendedores también les gusta compartir su emoción por los contactos recién hechos y los nuevos clientes, esperando que su espíritu sea contagioso. Puede que se jacten acerca de sus victorias o próximas reuniones de ventas, o de algún otro modo den pistas de a quién están vendiendo en sus redes sociales. Sí, lleva un poco de tiempo extraer información de estos datos, pero bajo ciertas circunstancias adecuadas pueden descubrir oro.

Usa los medios sociales para contactar con clientes y obtener información. Ve más allá de la transacción e involúcrate de verdad con tus clientes. El jugador dominante de tu mercado puede que gaste un montón de dinero en grupos de expertos, grupos de enfoque y otros estudios. Puedes cosechar ganancias similares, pero a mucho menor coste que tus adversarios de grandes presupuestos. En vez de incurrir en esa cuantiosa etiqueta de precio, construye una presencia exitosa en los medios sociales. Puedes tener así a miles de personas deseosas de decirte exactamente lo que quieren y por qué te lo comprarán a ti, mientras tu audiencia crece. ¿Cómo estás aprovechando esos canales para obtener información para tu pequeña empresa?

Explora sus anuncios de empleo

Los recopiladores de ofertas de empleo en línea son lugares excelentes para vigilar los requerimientos de contratación de tus competidores. Observa las habilidades que esté contratando una compañía y podrás ver qué nuevas iniciativas pueden estar en camino. Por supuesto, puedes comprobar las páginas web de tus competidores, también, pero puede que sean menos públicas en cuanto a cambios estratégicos.

5-HOUR ENERGY

Hace tiempo recibí un correo electrónico de mi colega en Sun Tzu Strategies, Mark McNeilly, con un enlace a un artículo sobre Manoj Bhargava, el fundador de 5-Hour Energy. Ese enlace era un extracto de *Forbes* de Clare O'Connor que, hasta ese punto, era la información pública más sustancial sobre Bhargava. El emprendedor concede pocas entrevistas y permanece de algún modo enigmático. (Basándose en esa entrevista se han escrito muchos otros artículos sobre él). Mark estaba intrigado por cómo este monje convertido en hombre de negocios ejemplarizaba muchas de las características de Sun Tzu. Llamaba nuestra atención.

Como señalamos en el capítulo 9, «Enfoque», 5-Hour Energy es una imagen de muchos principios de Sun Tzu. La compañía tomó la ruta menos directa al crear una nueva categoría con su bebida energética en vez de competir por espacio refrigerado con Coca-Cola, Pepsi y RedBull. Cerró a sus rivales completamente y ha conducido a algunos fuera del negocio. Segundones como 6-Hour Power y 8-Hour Energy han sido demandados o directamente echados a patadas del mercado por abogados de Living Essentials, la empresa madre de 5-Hour Energy.

Pero es bajo la bandera del engaño (ético) donde Sun Tzu se ve con más claridad. Mientras el producto crecía en popularidad, Bhargava permaneció de incógnito. Era un misterio. Apenas salía registrado en las páginas de búsquedas. Era capaz de hacer sus movimientos sin llamar la atención de sus competidores, grandes o pequeños.[10]

A pesar de la ilustración del engaño, el cliente es la última persona a la que Bhargava, o cualquier otro empresario inteligente, querría engañar. Como le dijo a O'Connor en aquel artículo de *Forbes*: «No es la pequeña botella. No es el emplazamiento. Es el producto. Puedes engañar a la gente una vez, pero nadie paga tres dólares dos veces».

IGATE

Sun Tzu escribe sobre cómo un general sabio convierte la desventaja en ventaja. Pero Phaneesh Murthy, fundador y antiguo presidente de iGATE, dio un paso más allá. Como hizo Netflix con Blockbuster, él convirtió las ventajas de sus competidores en su desventaja. Con sede en Silicon Valley, iGATE es una firma de tecnología informática de origen indio que ha crecido desde 300 millones hasta los mil millones de dólares en beneficios en menos de cinco años. Es elogiada regularmente como una de las mejores compañías indias para las que trabajar. Como Murthy le dijo a Kaihan Krippendorff, autor de *The Way of Innovation* [El camino de la innovación], él venía de Infosys, una de las dos firmas que transformaron India en la potencia externalizada en tecnología informática que es hoy. Infosys lo hizo tomando lo que los competidores veían como una ventaja y volviéndolo en su contra. Los gigantes de la consultoría tecnológica veían a sus legiones de asesores como su mayor ventaja. Sin embargo, Infosys transformó el modo en que se construye el *software* y abrió la puerta a un modelo completamente nuevo de asesoría.[11]

Murthy aplicó el mismo patrón a iGATE y le dio la vuelta de igual modo a la ventaja de los competidores de esa firma. Los compañeros, incluyendo a su antiguo jefe, tenían legiones de desarrolladores. Murthy convirtió esta ventaja percibida en una oportunidad para iGATE. La idea que puso en marcha fue conocer cada negocio de los clientes de tal modo que iGATE pudiera hacer mejoras a diferencia de cualquier compañía de tecnología informática tradicional. Por ejemplo, iGATE aplicó esta lógica a los préstamos de los consumidores, que normalmente se hacen a mano por aseguradores muy capacitados. iGATE demostró que los aseguradores podían ser reemplazados por una serie de reglas que redujeron el tiempo de respuesta de una aprobación de cuarenta a diecisiete días, de media.[12]

A diferencia de las otras firmas de consultoría en tecnología informática, iGATE no cobra por horas. Este modelo, dijo Murthy, acarrea «objetivos diametralmente opuestos... el cliente siempre quiere reducir y la compañía siempre incrementar». Puedo dar testimonio de esta realidad paradójica, porque mi propia empresa tiene su base en Washington D.C., la capital asesora del mundo (o al menos un buen territorio para ello). En vez de eso, las facturas de iGATE se cobran por trabajos realizados.[13]

15

SUN TZU Y EL FUTURO
DE TU EMPRESA

Ahora que has estudiado los doce atributos clave, aquí está la pregunta que debes hacerte: si Sun Tzu estuviera dirigiendo tu pequeña empresa, ¿qué haría de forma diferente para ponerlo de acuerdo con su estrategia para la batalla?

El espíritu de Sun Tzu estará dentro de ti si tú te planteas esta pregunta. Toma en serio estos principios y úsalos para derrotar incluso a tus mayores competidores. ¿Cómo usarás *El arte de la guerra* para dominar tu mercado?

TEMAS CLAVE DE *EL ARTE DE LA GUERRA PARA LA PEQUEÑA Y MEDIANA EMPRESA*

Aquí hay un resumen de los principios fundamentales de Sun Tzu para aplicar a las pequeñas y medianas empresas. Úsalos como una referencia permanente en tu empresa:

Adquiere un conocimiento global. Un conocimiento completo de las debilidades y fortalezas de tu organización, en relación con tu competidor, es un requisito para Sun Tzu. Este es un esfuerzo permanente que demanda vigilancia constante.

Construye alianzas. Piensa en tu comunidad y tu gente influyente, todos desde socios hasta empleados, clientes, vendedores y proveedores, inversores y amigos. Tu fortaleza será una suma de todas estas partes. Para dominar necesitas hacer uso de estas fuerzas combinadas. Lo diré de nuevo: los líderes de pequeñas y medianas empresas necesitan todos los amigos que puedan conseguir.

Asegura tu posición. Para ganar, tu empresa debe tomar la posición más ventajosa. Para Sun Tzu una buena posición es un terreno elevado, en un punto soleado, con las líneas de provisión bien guardadas. Elige con cuidado tu terreno y considera cada detalle, grande y pequeño.

Controla las percepciones. Las pequeñas empresas tienen muchas oportunidades de dar forma a cómo son vistos por clientes, socios y el resto del mundo. Aunque puede que optes por engañar al enemigo y tomar otra apariencia para avanzar en tu posición, asegúrate de que también estás dirigiendo lo que tus clientes y aliados ven, oyen y saben sobre ti para que puedas posicionar tu empresa todo lo favorablemente que sea posible. Cada encuentro que tiene tu cliente con tu compañía cuenta.

Piensa en el crecimiento. Los líderes de pequeñas empresas saben que no pueden esperar conseguir objetivos de crecimiento agresivos si simplemente optan por mantenerse a flote. Piensa siempre en crecer, no solo en tomar una posición defensiva.

Juega a largo plazo. La estrategia está enmarcada en el cuadro general. Es una carrera de resistencia. No dejes que tu empresa caiga en sacrificar los objetivos a largo plazo por los objetivos a corto.

Prepárate para convertir la desventaja en ventaja. Las semillas de la oportunidad están en la desventaja. Pero debes estar preparado para aprovechar estas oportunidades.

Gana primero. Este concepto esencial de Sun Tzu no se debe dar por hecho. Es una de las ideas más importantes de *El arte de la guerra.*

Actúa con decisión. Aunque reunir información y planear cuidadosamente cada táctica alrededor de tus objetivos estratégicos es esencial, también es fundamental tomar decisiones informadas y moverse rápidamente y con convicción cuando es el momento adecuado.

Usando lo poco, supera a lo mucho. El único modo de enfrentarse y derrotar a los grandes competidores es hacerlo con una estrategia superior. Haciendo batallas bien ejecutadas cada vez, Sun Tzu usó un número pequeño para derrotar a una gran fuerza, y tú debes hacer lo mismo.

Lucha solo cuando sea necesario. La guerra es un sumidero increíble de recursos, incluyendo los humanos. Recuerda que el mejor modo es atacar la estrategia del enemigo, seguido por la interrupción de sus alianzas.

Planea tus ataques. Parte de conocer a tu adversario y conocer la fuerza de tu organización es conocer cuándo son las condiciones más apropiadas para un ataque. Un concepto de la planificación malo no alcanzará su máximo potencial.

Utiliza lo inesperado. Mantén a tus competidores en la oscuridad para que no sepan qué esperar de ti ni cuándo. Lo inesperado es un arma poderosa que hace que los adversarios no estén nada preparados. Mantén al enemigo en movimiento.

Ve donde no esté el enemigo. Recuerda (¡siempre!) la indicación de Sun Tzu de evitar atacar al adversario más grande en sus términos. Los nichos son pequeños pero son segmentos específicos y bien definidos de compradores. No tienes por qué «encontrar» un nicho. Puedes crear uno, como Elmer T. Lee hizo con el *bourbon* de primera calidad. Ve hacia donde no esté el enemigo e identifica necesidades y deseos que no estén siendo satisfechos.

Ataca sus puntos débiles sin descanso. Las organizaciones grandes suelen estar preparadas para enfrentar la competencia directa, pero están pobremente preparadas para responder a la insurgencia de guerrillas. ¿Cómo puedes centrarte en las debilidades de tus grandes competidores?

Crea unidad. Presenta una imagen unificada y consistente y una experiencia de marca y estarás a la cabeza de gran parte de la competencia. Trabaja también para mantener la unidad.

No pierdas ninguna oportunidad de derrotar al enemigo. Si vas a derrotar a la competencia y a dominar tu mercado, debes tomar ventaja de cada pequeña oportunidad.

Adáptate a las tendencias y modifica tus planes. Identifica y sigue las tendencias en tu industria. Modifica tus planes según ello. No luches contra ello. Las ventas de tabletas y teléfonos inteligentes crecían mientras las de reproductores de DVD se estancaban. Netflix siguió la tendencia en vez de intentar capturar un modelo con una demanda menguante.

Ejecuta sin fallos. El éxito de cada estrategia viene de una cosa esencial: la ejecución. Una vez que te hayas definido, tienes que cumplir lo prometido todo el tiempo y sin descanso. No hay días libres.

Convierte lo tortuoso en directo. Derrota a tus adversarios de tal modo que tengan que tomar el camino más largo y tortuoso, y tú llegarás más pronto al destino.

Maximiza los recursos. Haz el mejor uso de los recursos comparativamente limitados que tengas. Y no te centres tanto en adquirir nuevos clientes que olvides maximizar a tus clientes actuales. Toma ventaja de las oportunidades al hacer uso del campo de juego que supone Internet, las redes sociales y una fuerza de trabajo mundial.

PRINCIPIOS EXTRA DE SUN TZU

Aunque no están cubiertos expresamente en la estrategia de batalla china de 2.500 años de Sun Tzu, estos principios están en acuerdo con sus indicaciones. Si Sun Tzu desarrollase una estrategia para tu pequeña empresa, recomendaría estos dos principios extra:

Diferénciate. La mayoría de propietarios de pequeñas o medianas empresas puede que comprendan intelectualmente la importancia de diferenciarse, y aun así no son capaces de ejecutar su estrategia de un modo que marque una distinción real en el mercado. Para ver ejemplos de cómo diferenciarse con éxito, mira a 5-Hour Energy, que creó toda una nueva categoría de bebidas energéticas. Y aunque Five Guys no creó la categoría de «mejor hamburguesa», creó una marca destacada al combinar una estrategia agresiva de franquicias con un compromiso de control de calidad, sin usar jamás ingredientes congelados, recompensando a los empleados por su trabajo y ofreciendo un menú limitado de productos hechos sistemáticamente bien.

Salvaguarda cada interacción con el cliente. Cada encuentro que un cliente tiene con tu compañía es lo que al final acaba fabricando tu marca. Cómo eres percibido lo es todo. Necesitas ocupar un espacio preeminente en el cerebro de tus clientes, tus compañeros de negocios y tus empleados potenciales. Tu objetivo debería ser tener legiones de clientes leales que compongan una comunidad poderosa. Piensa en la comunidad de usuarios que se volvieron a PayPal y lo promovieron, abriendo el camino para que esa empresa triunfase. Recuerda cómo Zappos hace uso de un cuadro de empleados comprometidos para fabricar la lealtad extrema de sus clientes. ¿Cómo puedes construir una poderosa comunidad para tu pequeña empresa?

APÉNDICE: PASAJES CLAVE DE SUN TZU PARA LA PEQUEÑA Y MEDIANA EMPRESA

E*l arte de la guerra* en su totalidad es tanto útil como positivo para las pequeñas empresas. Más abajo, sin embargo, hay extractos con un impacto particular para los líderes de pequeñas o medianas empresas que buscan dominar sus mercados. Vuelve a consultarlos con frecuencia para calibrar tu sensatez estratégica.

Mantenerse a la defensiva indica fuerza insuficiente; atacar, sobreabundancia de fuerza.

La mejor política en la guerra es atacar la estrategia del enemigo. La segunda mejor manera es alterar sus alianzas por medios diplomáticos. El siguiente mejor método es atacar su ejército en el campo. La peor política es atacar ciudades amuralladas. Atacar ciudades es el último recurso cuando no hay alternativa.[1]

La debilidad numérica viene de tener que prepararse contra posibles ataques; la fuerza numérica, de obligar a nuestro adversario a hacer esos preparativos contra nosotros.

Puedes avanzar y ser absolutamente irresistible si te aprovechas de los puntos débiles del enemigo; puedes retirarte y salvarte de la persecución si tus movimientos son más rápidos que los del enemigo.

Cuando un general, incapaz de estimar la fuerza del enemigo, permite que una fuerza inferior se enzarce con una más grande, o lanza un destacamento débil contra una fuerza poderosa y descuida colocar soldados escogidos en primera línea, el resultado debe ser una derrota aplastante.

El control de una gran fuerza sigue el mismo principio que el control de unos pocos hombres: solo es cuestión de dividir sus números.

Si, por otro lado, en medio de las dificultades estamos siempre preparados para tomar ventaja, lograremos salir de la desgracia.

Porque es precisamente cuando una fuerza ha caído en el camino del peligro que es capaz de dar un golpe para la victoria.

Podemos formar un único cuerpo unido, mientras que el enemigo debe dividirse en fracciones. Así habrá una unidad enfrentada a partes separadas de una unidad, lo que significa que seremos muchos para los pocos del enemigo.

Pregunta: si el enemigo es numeroso y avanza en formación bien ordenada, ¿cómo son conducidos?

Respuesta: primero apodérate de lo que les importa y ellos harán como se espera.[2]

Si son menos en número, sean capaces de defenderse. Y si todos los aspectos les son desfavorables, sean capaces de eludir [al enemigo]. Por lo tanto, una fuerza débil finalmente caerá cautiva frente a una fuerte si simplemente mantienen el terreno y conducen una defensa desesperada.[3]

Sé flexible y decide tu línea de acción de acuerdo a la situación en el lado enemigo.[4]

NOTAS

CAPÍTULO 1: ACERCA DE SUN TZU Y *EL ARTE DE LA GUERRA*

1. Thomas Huynh, *The Art of War—Spirituality for Conflict: Annotated and Explained* (Woodstock, VT: SkyLight Paths Publishing, 2012), p. xxx.
2. J. H. Huang, *Sun-Tzu: The Art of War—The New Translation* (Nueva York: William Morrow, 1993), pp. 17–18.
3. Ibíd., pp. 18–19.
4. Ibíd.
5. Ibid, p. 15.
6. Mark R. McNeilly, *Sun Tzu and the Art of Modern Warfare* (Nueva York: Oxford UP, 2001), pp. 6–7 [*Sun Tzu y el arte de los negocios: seis estrategias fundamentals para el hombre de negocios* (México: Oxford UP, 1999)].

CAPÍTULO 2: EL PODER DE APLICAR *EL ARTE DE LA GUERRA* PARA LA PEQUEÑA Y MEDIANA EMPRESA

1. Huynh, *The Art of War—Spirituality for Conflict*, p. xxvi.
2. Marc Benioff, prólogo a *The Art of War—Spirituality for Conflict*, p. ix.
3. Devon Pendleton, «Hidden Chobani Billionaire Emerges as Greek Yogurt Soars», *Bloomberg*, 14 septiembre 2012.
4. Dinah Eng, «How We Got Started: Jim Koch: Samuel Adams's Beer Revolutionary», *CNN Money*, 21 marzo 2013.
5. Marla Tabaka, «5 Tactics to Conquer Goliath Competitors», *Inc.*, 9 abril 2012.
6. Felix Dennis, *How to Get Rich: The Distilled Wisdom of One of Britain's Wealthiest Self-Made Entrepreneurs* (Londres: Ebury, 2007), p. 234.

7. Nadia Goodman, «James Dyson on Using Failure to Drive Success», *Entrepreneur,* 5 noviembre 2012.

8. Scott Maxwell, «Small Business Innovation Lessons from Salesforce.com», *OpenView Labs Blog,* 31 enero 2013.

9. Steve Denning, «Clayton Christensen and the Innovators' Smackdown», *Forbes,* 5 abril 2012.

10. IBIS World, *Business Coaching in the U.S.: Market Research Report,* noviembre 2013.

11. McNeilly, *Sun Tzu and the Art of Modern Warfare.*

CAPÍTULO 3: ENTENDERTE A TI MISMO

1. Sylvie Leotin, «Atari: The Original Lean Startup», *VentureBeat,* 13 octubre 2010.

2. Bill Taylor, «Why Zappos Pays New Employees to Quit—and You Should Too», *HBR Blog Network,* 19 mayo 2008.

3. About.Zappos.com, «Is It True That Zappos Offers New-Hires $2000 to Quit?», http://about.zappos.com/it-true-zappos-offers-new-hires-2000-quit.

4. Dinah Eng, «How We Got Started: Jim Koch: Samuel Adams's Beer Revolutionary», *CNN Money,* 21 marzo 2013.

5. Liz Welch, «How I Did It: Jerry Murrell, Five Guys Burgers and Fries», *Inc.,* 1 abril 2010.

6. Monte Burke, «Five Guys Burgers: America's Fastest Growing Restaurant Chain», *Forbes,* 18 julio 2012.

7. Burke, «Five Guys Burgers».

8. Ibíd.

9. Welch, «How I Did It: Jerry Murrell, Five Guys Burgers and Fries».

10. Ibíd.

11. Burke, «Five Guys Burgers».

12. Eng, «How We Got Started: Jim Koch».

13. Ibíd.

14. Ibíd.

15. Ibíd.

CAPÍTULO 4: ENTENDER AL ENEMIGO

1. Gerald A. Michaelson y Steven Michaelson, *The Art of War for Managers: 5 Strategic Rules* (Avon, MA: Adams Media, 2010), p. 121 [*Sun Tzu: el arte de la guerra para directivos* (Barcelona: Gestión 2000, 2000)].

2. Huang, *Sun-Tzu: The Art of War—The New Translation,* p. 91.

3. Ibíd., p. 160.

4. Daniel Gross, «It's All Greek to Him: Chobani's Unlikely Success Story», *The Daily Beast,* 12 junio 2013.

5. Ibíd.

6. Devon Pendleton, «Hidden Chobani Billionaire Emerges as Greek Yogurt Soars», *Bloomberg,* 14 septiembre 2012.

7. Maria Bartiromo, «Bartiromo: Chobani CEO at Center of Greek Yogurt Craze», *USA Today*, 16 junio 2013.
8. Bryan Gruley, «At Chobani, the Turkish King of Greek Yogurt», *Businessweek*, 31 enero 2013.
9. Pendleton, «Hidden Chobani Billionaire Emerges as Greek Yogurt Soars».
10. Ibíd.
11. Ibíd.
12. Ibíd.

CAPÍTULO 5: ENTENDER EL MERCADO

1. Dinah Eng, «How We Got Started: Jim Koch: Samuel Adams's Beer Revolutionary», *CNN Money*, 21 marzo 2013.
2. James Duval, «Secrets of Success: How Cisco Outlasted Its Competitors», *CustomerTHINK Blog*, 3 junio 2013.
3. Jay Abraham, *The Sticking Point Solution: 9 Ways to Move Your Business from Stagnation to Stunning Growth in Tough Economic Times* (Nueva York: Vanguard Press, 2009), p. 24.
4. Andy Sambidge, «Yahoo!'s Maktoob Deal Valued at $175m—Report», *ArabianBusiness.com*, 10 septiembre 2009.
5. Huynh, *The Art of War—Spirituality for Conflict*, p. 135.
6. Malcolm Gladwell, *The Tipping Point: How Little Things Can Make a Big Difference* (Nueva York: Little Brown, 2002), pp. 193–200 [*El punto clave: cómo los pequeños cambios pueden provocar grandes efectos* (Doral: Santillana, 2007)].
7. Ibíd., pp. 206–213.
8. Ibíd., pp. 213–15.
9. Ibíd.
10. Kathryn Quinn Thomas, «Golisano Built Paychex into a Success Story», *Rochester Business Journal*, 8 octubre 2004.

CAPÍTULO 6: SUN TZU PARA CLIENTES Y ALIANZAS EMPRESARIALES

1. «Interview with Marc Benioff», *Sonshi.com*.
2. Joe Calloway, *Becoming a Category of One: How Extraordinary Companies Transcend Commodity and Defy Comparison* (Hoboken, NJ: John Wiley & Sons, 2009), p. xii [*La ventaja competitiva de la categoría de uno: cómo BMW, Disney, Ritz Carlton y otras compañías extraordinarias desafían la comparación* (México, D.F.: Panorama, 2004)].
3. Mark Caro, «Charlie Trotter Preaches Excellence to the Extreme», *Chicago Tribune*, 28 agosto 2012.
4. Sylvie Leotin, «Atari: The Original Lean Startup», *VentureBeat*, 13 octubre 2010.
5. John R. Harbison, Peter Pekar Jr., Albert Viscio y David Maloney, *The Allianced Enterprise: Breakout Strategy for the New Millennium* (Los Ángeles: Booz Allen & Hamilton, 2000).
6. «Interview Transcript: Meg Whitman, Ebay», *Financial Times*, 18 junio 2006.

7. McNeilly, *Sun Tzu and the Art of Modern Warfare*, p. 34.
8. Dana McMahan, «Craft Distillers Breaking into Kentucky's Billion-Dollar Bourbon Industry», *NBC News*, 30 agosto 2013.
9. Paul Vitello, «Elmer T. Lee, Whose Premium Bourbon Revived an Industry, Dies at 93», *New York Times*, 21 julio 2013.
10. Vitello, «Elmer T. Lee».
11. Abraham, *The Sticking Point Solution*, p. 71.
12. Ibíd., p. 94.
13. Ibíd.
14. Max Nisen y Alexandra Mondalek, «Invaluable Advice from 18 of America's Top Small Business Owners», *Business Insider*, 21 junio 2013.
15. Sean O'Hagan, «The Nine Lives of Felix Dennis», *The Guardian*, 1 junio 2013.
16. Dennis, *How to Get Rich*, pp. 84–86.
17. Ibíd.
18. Ibíd.
19. Ibíd.
20. CRDF Global, «GIST TechConnect Ideation», panel de discusión en línea, 23 enero 2013.
21. CRDF Global.

CAPÍTULO 7: ENCARNA AL GENERAL

1. Huang, *Sun-Tzu: The Art of War—The New Translation*, pp. 131–32.
2. Monte Burke, «Five Guys Burgers: America's Fastest Growing Restaurant Chain», *Forbes*, 18 julio 2012.
3. Max Nisen y Alexandra Mondalek, «Invaluable Advice from 18 of America's Top Small Business Owners», *Business Insider*, 21 junio 2013.
4. Huynh, *The Art of War—Spirituality for Conflict*, p. 166.
5. Huang, *Sun-Tzu: The Art of War—The New Translation*, pp. 230–31.
6. Adam Bryant, «Finding Purpose in Tunneling Through Granite», *New York Times*, 13 abril 2013.
7. Huang, *Sun-Tzu: The Art of War—The New Translation*, p. 112.
8. Huynh, *The Art of War—Spirituality for Conflict: Annotated and Explained*, p. 93.

CAPÍTULO 8: PERSEVERANCIA

1. Max Nisen y Alexandra Mondalek, «Invaluable Advice from 18 of America's Top Small Business Owners», *Business Insider*, 21 junio 2013.
2. Abraham, *The Sticking Point Solution*, pp. 5–6.
3. Adam Bryant, «Finding Purpose in Tunneling Through Granite», *New York Times*, 13 abril 2013.
4. Bryant, «Finding Purpose in Tunneling Through Granite».
5. Dennis, *How to Get Rich*, p. 234.
6. Ibíd.
7. Huynh, *The Art of War—Spirituality for Conflict*, p. 73.

8. Chuck Salter, «Failure Doesn't Suck», *Fast Company*, 10 abril 2007.
9. Episodio 29, «El punto rojo», *Seinfield*, NBC, 11 diciembre 1991, http://www.seinfeldscripts.com/TheRedDot.htm.
10. Salter, «Failure Doesn't Suck».
11. Margaret Heffernan, «James Dyson on Creating a Vacuum That Actually, Well, Sucks», *Reader's Digest*, febrero 2009.
12. Nadia Goodman, «James Dyson on Using Failure to Drive Success», *Entrepreneur*, 5 noviembre 2012.
13. «Vacuum Makers Dyson, Hoover Settle Lawsuit», *Appliance Magazine*, 10 octubre 2002.
14. Jon Birger, «How Jeffery Boyd Took Priceline from Dot-Bomb to Highflier», *CNN Money*, 11 septiembre 2012.
15. Ibíd.
16. Ibíd.

CAPÍTULO 9: ENFOQUE

1. McNeilly, *Sun Tzu and the Art of Modern Warfare*, pp. 71–72.
2. Michaelson y Michaelson, *The Art of War for Managers*, p. 138.
3. Huang, *Sun-Tzu: The Art of War—The New Translation*, p. 71.
4. Huynh, *The Art of War—Spirituality for Conflict*, p. 97.
5. «Vacuum Makers Dyson, Hoover Settle Lawsuit», *Appliance Magazine*, 10 octubre 2002.
6. Dinah Eng, «How We Got Started: Jim Koch: Samuel Adams's Beer Revolutionary», *CNN Money*, 21 marzo 2013.
7. Burt Helm, «How I Dit It: James Dyson», *Inc.*, 28 febrero 2012.
8. Eng, «How We Got Started: Jim Koch».
9. Elizabeth Heubeck, «Wegmans' Grocery List for Success», *Baltimore Business Journal*, 20 marzo 2013.
10. Daniel Duggan, «Manoj Bhargava on What Makes Successes Like 5-Hour Energy: Don't Waste Your Energy», *Crain's Detroit Business*, 21 mayo 2012.
11. Ibíd.
12. Welch, «How I Did It: Jerry Murrell, Five Guys Burgers and Fries».
13. Monte Burke, «Five Guys Burgers: America's Fastest Growing Restaurant Chain», *Forbes*, 18 julio 2012.
14. Ibíd.

CAPÍTULO 10: UNIDAD

1. Calloway, *Becoming a Category of One*, p. xi.
2. Dinah Eng, «How We Got Started: Jim Koch: Samuel Adams's Beer Revolutionary», *CNN Money*, 21 marzo 2013.
3. Tony Hsieh, *Delivering Happiness: ¿cómo hacer felices a tus empleados y duplicar tus beneficios?* (Barcelona: Profit Editorial, 2013).
4. Tony Hsieh, «Your Culture Is Your Brand», *Zappos Blogs: CEO and COO Blog*, 3 enero 2009.

5. Ibíd.
6. Huynh, *The Art of War—Spirituality for Conflict*, p. 93.
7. Ibíd., p. 157.
8. Elizabeth Heubeck, «Wegmans' Grocery List for Success», *Baltimore Business Journal*, 20 marzo 2013.
9. Ibíd.
10. Ibíd.
11. David Rohde, «The Anti-Walmart: The Secret Sauce of Wegmans Is People», *The Atlantic*, 23 marzo 2012.
12. Heubeck, «Wegmans' Grocery List for Success».
13. Ibíd.
14. «Interview with Marc Benioff», *Sonshi.com*.
15. Ibíd.
16. Ibíd.
17. Huynh, *The Art of War—Spirituality for Conflict*, p. x.

CAPÍTULO 11: MANIOBRA

1. Michaelson y Michaelson, *The Art of War for Managers*, p. 25.
2. Huynh, *The Art of War—Spirituality for Conflict*, p. 85.
3. Huang, *Sun-Tzu: The Art of War—The New Translation*, p. 96.
4. Ben Parr, «Here's Why Amazon Bought Zappos», *Mashable*, 22 julio 2009.
5. Ibíd.
6. Michaelson y Michaelson, *The Art of War for Managers*, p. 121.
7. Pascal-Emmanuel Gobry, «10 Brilliant Startups That Failed Because They Were Ahead of Their Time», *Business Insider*, 4 mayo 2011.
8. *Funding Universe*, «Ask Jeeves, Inc. History».
9. Gobry, «10 Brilliant Startups That Failed Because They Were Ahead of Their Time».
10. Ibíd.
11. Ibíd.
12. Michaelson y Michaelson, *The Art of War for Managers*, p. 27.
13. Sarah Green, «Who New CEOs Fire First», *HBR Blog Network*, 8 julio 2013.
14. Alyssa Abkowitz, «How Netflix Got Started», *CNN Money*, 28 enero 2009.
15. Adam Hartung, «Netflix—The Turnaround Story of 2012!», *Forbes*, 29 enero 2013.
16. Ibíd.
17. Ibíd.
18. Michaelson y Michaelson, *The Art of War for Managers*, p. 27.

CAPÍTULO 12: ADAPTACIÓN

1. Michaelson y Michaelson, *The Art of War for Managers*, p. 56.
2. Ilya Pozin, «9 Biggest Mistakes New Entrepreneurs Make», *Inc.*, 20 julio 2013.
3. Michaelson y Michaelson, *The Art of War for Managers*, p. 36.
4. Calloway, *Becoming a Category of One*, p. 236.

5. Clayton Christensen, «Disruptive Innovation», Claytonchristensen.com.
6. Ibíd.
7. Steve Denning, «Clayton Christensen and the Innovators' Smackdown», *Forbes*, 5 abril 2012.
8. Andrew Keen, «Keen On... Clay Christensen: How to Escape the Innovator's Dilemma [TCTV]», entrevista en vídeo, *TechCrunch*, 2 abril 2012.
9. Denning, «Clayton Christensen and the Innovators' Smackdown».
10. Adam L. Penenberg, «Reid Hoffman on PayPal's Pivoted Path to Success», *Fast Company*, 9 agosto 2012.
11. Ibíd.
12. *Funding Universe*, «Priceline.com Incorporated History».
13. Ibíd.
14. Ibíd.
15. Jon Birger, «How Jeffery Boyd Took Priceline from Dot-Bomb to Highflier», *CNN Money*, 11 septiembre 2012.

CAPÍTULO 13: ESPÍRITU

1. Huang, *Sun-Tzu: The Art of War—The New Translation*, p. 191.
2. Ibíd., p. 73.
3. Huynh, *The Art of War—Spirituality for Conflict*, p. x.
4. Julie Bort, «Our Favorite Crazy Stunts from Salesforce Leader Marc Benioff», *Business Insider*, 15 marzo 2012.
5. Marc Benioff, prólogo a *The Art of War—Spirituality for Conflict*, p. xii.
6. Bort, «Our Favorite Crazy Stunts from Salesforce Leader Marc Benioff».
7. Ibíd.
8. Ibíd.
9. Comentario de MarketWatch, «Salesforce CEO Pulls Off Excellent Stunt», *MarketWatch*, 5 octubre 2011.
10. Benioff, prólogo a *The Art of War—Spirituality for Conflict*, p. xii.

CAPÍTULO 14: ENGAÑO

1. Abraham, *The Sticking Point Solution*, pp. 131–32.
2. Huynh, *The Art of War—Spirituality for Conflict*, p. 177.
3. Ibíd., p. 73.
4. Ibíd., p. 193.
5. Ibíd., p. 195.
6. Abraham, *The Sticking Point Solution*, p. 250.
7. Dennis, *How to Get Rich*, p. 236.
8. Liz Welch, «How I Did It: Jerry Murrell, Five Guys Burgers and Fries», *Inc.*, 1 abril 2010.
9. Carol Tice, «12 Ways to (Legally) Spy on Your Competitors», *Entrepreneur*, 17 noviembre 2011.
10. Clare O'Connor, «The Mystery Monk Making Billions with 5-Hour Energy», *Forbes*, 8 febrero 2012.

11. Kaihan Krippendorff, «How Great Entrepreneurs Lure Their Competitors' Sheep Away», *Fast Company*, 16 mayo 2012.

12. Ibíd.

13. Ibíd.

APÉNDICE: PASAJES CLAVE DE SUN TZU PARA PUEQUEÑAS EMPRESAS

1. Michaelson y Michaelson, *The Art of War for Managers*, p. 25.

2. Huang, *Sun-Tzu: The Art of War—The New Translation*, p. 96.

3. Michaelson y Michaelson, *The Art of War for Managers*, p. 27.

4. Ibíd., p. 56.

BIBLIOGRAFÍA

Abkowitz, Alyssa. «How Netflix Got Started». *Fortune*, 28 enero 2009. http://archive.
fortune.com/2009/01/27/news/newsmakers/hastings_netflix.fortune/index.htm.

Abraham, Jay. *The Sticking Point Solution: 9 Ways to Move Your Business from Stagnation
to Stunning Growth in Tough Economic Times*. Nueva York: Vanguard, 2009.

Bartiromo, Maria. «Bartiromo: Chobani CEO at Center of Greek Yogurt Craze», *USA
Today*, 16 junio 2013. www.usatoday.com/story/money/columnist/bartiromo/2013/
06/16/chobani-ulukaya-yogart/2423611/.

Benioff, Marc. Prólogo de *The Art of War—Spirituality for Conflict: Annotated and
Explained*. Woodstock, VT: SkyLight Paths, 2012.

Birger, Jon. «How Jeffery Boyd Took Priceline from Dot-Bomb to Highflier». *Fortune*,
11 septiembre 2012. tech.fortune.cnn.com/2012/09/11/priceline-jeffery-boyd/.

Bort, Julie. «Our Favourite Crazy Stunts from Salesforce Leader Marc Benioff».
Business Insider, 16 marzo 2012. http://www.businessinsider.com.au/marc-benioff-
salesforcecom-chief-has-pulled-some-crazy-stunts-2012-3#he-hired-fake-protesters-
to-disrupt-a-siebel-conference-and-drew-the-cops-in-1.

Bryant, Adam. «Finding Purpose in Tunneling Through Granite». *New York Times*, 13 abril
2013.   http://www.nytimes.com/2013/04/14/business/guidewires-chief-on-embra-
cing-adversity.html?pagewanted=all.

Burke, Monte. «Five Guys Burgers: America's Fastest Growing Restaurant Chain», *Forbes*, 18
julio 2012. http://www.forbes.com/sites/monteburke/2012/07/18/five-guys-burgers-
americas-fastest-growing-restaurant-chain/.

Calloway, Joe. *Becoming a Category of One: How Extraordinary Companies Transcend
Commodity and Defy Comparison*. Hoboken, NJ: John Wiley, 2009 [*La ventaja
competitiva de la categoría de uno: cómo BMW, Disney, Ritz Carlton y otras compañías extraordinarias desafían la comparación* (México, D.F.: Panorama, 2004)].

Christensen, Clayton. «DisruptiveInnovation», www.claytonchristensen.com/key-concepts/
#sthash.zukQNRiE.dpuf.

CRDF Global. GIST TechConnect Ideation panel de discusión en línea, 5 marzo 2013, http://gist.crdfglobal.org/about-gist/events/2013/01/23/gist-techconnect-idea-creation-=-ideation.

Denning, Steve. «Clayton Christensen and the Innovators' Smackdown». *Forbes*, 5 abril 2012. http://www.forbes.com/sites/stevedenning/2012/04/05/clayton-christensen-and-the-innovators-smackdown/.

Dennis, Felix. *How to Get Rich: The Distilled Wisdom of One of Britain's Wealthiest Self-Made Entrepreneurs*. Londres: Ebury, 2007.

Duggan, Daniel. «Manoj Bhargava on What Makes Successes Like 5-Hour Energy: Don't Waste Your Energy». *Crain's Detroit Business*, 21 mayo 2012. http://www.crainsdetroit.com/article/20120521/FREE/120529984/manoj-bhargava-on-what-makes-successes-like-5-hour-energy.

Duval, James. «Secrets of Success: How Cisco Outlasted Its Competitors». *CustomerTHINK Blog*, 3 junio 2013, www.customerthink.com/blog/secrets_of_success_how_cisco_outlasted_its_competitors.

Eng, Dinah. «Jim Koch: Samuel Adams's Beer Revolutionary». *Fortune*, 21 marzo 2013. http://fortune.com/2013/03/21/jim-koch-samuel-adamss-beer-revolutionary/.

Funding Universe. «Ask Jeeves, Inc. History». http://www.fundinguniverse.com/company-histories/ask-jeeves-inc-history/.

————. «Priceline.com Incorporated History». http://www.fundinguniverse.com/company-histories/priceline-com-incorporated-history/.

Giles, Lionel. *The Art of War by Sun Tzu: Special Edition*. El Paso, TX: El Paso Norte Press, 2005.

Gladwell, Malcolm. *The Tipping Point: How Little Things Can Make a Big Difference*. Nueva York: Little, Brown, 2002 [*El punto clave: cómo los pequeños cambios pueden provocar grandes efectos* (Doral: Santillana, 2007)].

Gobry, Pascal-Emmanuel. «10 Brilliant Startups That Failed Because They Were Ahead of Their Time». *Business Insider*, 4 mayo 2011. http://www.businessinsider.com/startup-failures-2011-5.

Goodman, Nadia. «James Dyson on Using Failure to Drive Success». *Entrepreneur*, 4 noviembre 2012, www.entrepreneur.com/blog/224855#ixzz2e8H9o7ve.

Green, Sarah. «Who New CEOs Fire First». *HBR Blog Network*, 8 julio 2013. https://hbr.org/2013/07/who-new-ceos-fire-first.

Gross, Daniel. «It's All Greek to Him: Chobani's Unlikely Success Story». *Newsweek*, 12 junio 2013. http://www.newsweek.com/2013/06/12/its-all-greek-him-chobanis-unlikely-success-story-237526.html.

Gruley, Bryan. «At Chobani, the Turkish King of Greek Yogurt». *Businessweek*, 31 enero 2013. http://www.businessweek.com/articles/2013-01-31/at-chobani-the-turkish-king-of-greek-yogurt.

Harbison, John R., Peter Pekar, Jr., Albert Viscio y David Maloney. *The Allianced Enterprise: Breakout Strategy for the New Millennium*. Los Ángeles: Booz-Allen & Hamilton, 2000. www.smartalliancepartners.com/Images/Allianced%20Enterprise.pdf.

Hartung, Adam. «Netflix—The Turnaround Story of 2012!». *Forbes*, 29 enero 2013. www.forbes.com/sites/adamhartung/2013/01/29/netflix-the-turnaround-story-of-2012/.

Heffernan, Margaret. «James Dyson on Creating a Vacuum That Actually, Well, Sucks». *Reader's Digest*, febrero 2009. http://www.rd.com/advice/work-career/james-dyson-on-creating-a-vacuum-that-actually-well-sucks/.

Heubeck, Elizabeth. «Wegmans' Grocery List for Success». *Baltimore Business Journal*, 20 marzo 2013. http://www.bizjournals.com/baltimore/print-edition/2012/05/25/wegmans-grocery-list-for-success.html?page=2.

Hsieh, Tony. *Delivering Happiness: ¿cómo hacer felices a tus empleados y duplicar tus beneficios?* Barcelona: Profit, 2013.

———. «Your Culture Is Your Brand». *Zappos Blogs: CEO and COO Blog*, 3 enero 2009. http://blogs.zappos.com/blogs/ceo-and-coo-blog/2009/01/03/your-culture-is-your-brand.

Huang, J. H. *Sun-Tzu: The Art of War—The New Translation*. Nueva York: William Morrow, 1993.

Huynh, Thomas. *The Art of War—Spirituality for Conflict: Annotated and Explained*. Woodstock, VT: SkyLight Paths, 2012.

IBIS World. *Business Coaching in the U.S.: Market Research Report*. Noviembre 2014. www.ibisworld.com/industry/default.aspx?indid=1533.

«Interview Transcript: Meg Whitman, Ebay». *Financial Times*, 18 junio 2006. www.ft.com/cms/s/2/f3ae81f8-fef8-11da-84f3-0000779e2340.html#axzz2dlJqgInb.

Keen, Andrew. «Keen On... Clay Christensen: How to Escape the Innovator's Dilemma [TCTV]». *TechCrunch*, entrevista en video, 2 abril 2012. techcrunch.com/2012/04/02/keen-on-clay-christensen-how-to-escape-the-innovators-dilemma-tctv/.

Krippendorff, Kaihan. «How Great Entrepreneurs Lure Their Competitors' Sheep Away». *Fast Company*, 16 mayo 2012. www.fastcompany.com/1837389/how-greatentrepreneurs-lure-their-competitors-sheep-away.

Leotin, Sylvie. «Atari: The Original Lean Startup». *VentureBeat*, 13 octubre 2010. venturebeat.com/2010/10/13/atari-the-original-lean-startup/.

MarketWatch Commentary, «Salesforce CEO Pulls Off Excellent Stunt». *MarketWatch*, 5 octubre 2011. http://www.marketwatch.com/story/salesforce-ceo-pulls-off-excellent-stunt-2011-10-05.

Maxwell, Scott. «Small Business Innovation Lessons from Salesforce.com». *OpenView Labs Blog*, 31 enero 2013. http://labs.openviewpartners.com/small-business-innovation-lessons-from-salesforce-com/.

McMahan, Dana. «Craft Distillers Breaking into Kentucky's Billion-Dollar Bourbon Industry». *NBC News*, 30 agosto 2013. http://www.nbcnews.com/business/travel/craft-distillers-breaking-kentuckys-billion-dollar-bourbon-industry-f8C11035874.

McNeilly, Mark R. *Sun Tzu and the Art of Modern Warfare*. Nueva York: Oxford UP, 2001 [*Sun Tzu y el arte de los negocios: seis estrategias fundamentals para el hombre de negocios* (México: Oxford UP, 1999)].

Michaelson, Gerald A. y Steven Michaelson. *The Art of War for Managers: 5 Strategic Rules*. Avon, MA: Adams Media, 2010 [*Sun Tzu: el arte de la guerra para directivos* (Barcelona: Gestión 2000, 2000)].

Nisen, Max y Alexandra Mondalek. «Invaluable Advice from 18 of America's Top Small Business Owners». *Business Insider*, 21 junio 2013. www.businessinsider.com/invaluable-advice-from-18-of-americas-top-small-business-owners-2013-6?op=1#ixzz-2cXyGkSmJ.

O'Connor, Clare. «The Mystery Monk Making Billions with 5-Hour Energy». *Forbes*, 8 febrero 2012. http://www.forbes.com/sites/clareoconnor/2012/02/08/manoj-bhargava-the-mystery-monk-making-billions-with-5-hour-energy/.

O'Hagan, Sean. «The Nine Lives of Felix Dennis». *The Guardian*, 1 junio 2013. www.theguardian.com/media/2013/jun/02/nine-lives-of-felix-dennis.

Parr, Ben. «Here's Why Amazon Bought Zappos». *Mashable*, 22 julio 2009. mashable. com/2009/07/22/amazon-bought-zappos/.

Pendleton, Devon. «Hidden Chobani Billionaire Emerges as Greek Yogurt Soars». *Bloomberg*, 14 septiembre 2012. http://www.bloomberg.com/news/2012-09-14/hidden-chobani-billionaire-emerges-as-greek-yogurt-soars.html.

Penenberg, Adam L. «Reid Hoffman on PayPal's Pivoted Path to Success». *Fast Company*, incluye un video con la entrevista a Hoffman, 9 agosto 2012. www.fastcompany. com/1837839/reid-hoffman-paypals-pivoted-path-success.

Pozin, Ilya, «9 Biggest Mistakes New Entrepreneurs Make», *Inc.*, 20 julio 2013. www.inc. com/ilya-pozin/9-biggest-mistakes-you-will-make-as-a-new-entrepreneur.html.

Rohde, David. «The Anti-Walmart: The Secret Sauce of Wegmans Is People». *The Atlantic*, 23 marzo 2012. www.theatlantic.com/business/archive/2012/03/the-anti-walmartthe-secret-sauce-of-wegmans-is-people/254994/.

Salter, Chuck. «Failure Doesn't Suck». *Fast Company*, 10 abril 2007. www.fastcompany. com/76673/failure-doesnt-suck-part-2.

Sambidge, Andy. «Yahoo!'s Maktoob Deal Valued at $175m—Report». *ArabianBusiness. com*, 10 septiembre 2009. www.arabianbusiness.com/yahoo-s-maktoob-dealvalued-at-175m-report-12955.html#.UiSfYD_zjbw.

Sheetz-Runkle, Becky. *Sun Tzu for Women: The Art of War for Winning in Business*. Avon, MA: Adams Media, 2011.

Sonshi. «Marc Benioff Interview». *Sonshi.com*. www.sonshi.com/benioff.html.

Taylor, Bill. «Why Zappos Pays New Employees to Quit—And You Should Too». *HBR Blog Network*, 19 mayo 2008. blogs.hbr.org/taylor/2008/05/why_zappos_pays_new_employees.html.

Thomas, Kathryn Quinn. «Golisano Built Paychex into a Success Story». *Rochester Business Journal*, 8 octubre 2004. www.rbj.net/article.asp?aID=149125.

Tice, Carol. «12 Ways to (Legally) Spy on Your Competitors». *Entrepreneur*, 17 noviembre 2011. www.entrepreneur.com/article/220761#ixzz2cfCfx1pP.

Tobak, Steve. «David vs. Goliath: How Small Companies Make It Big». *Inc.*, 27 marzo 2013. http://www.inc.com/steve-tobak/david-vs-goliath-how-small-companies-make-it-big.html.

«Vacuum Makers Dyson, Hoover Settle Lawsuit». *Appliance Magazine*. 10 octubre 2002. www.appliancemagazine.com/news.php?article= 3691.

Vitello, Paul. «Elmer T. Lee, Whose Premium Bourbon Revived an Industry, Dies at 93». *New York Times*, 21 julio 2013. www.nytimes.com/2013/ 07/22/business/elmer-t-leewhose-premium-bourbon-revived-an-industry-dies-at-93.html?_r=0.

Wegmans, página corporative. «Frequently Asked Questions». www.wegmans.com/ webapp/wcs/stores/servlet/FAQDetailView?storeId=10052&catalogId=10002&langId=-1&faqCategory=AboutWegmans# question_12.

Welch, Liz. «How I Did It: Jerry Murrell, Five Guys Burgers and Fries». *Inc.*, 1 abril 2010. www.inc.com/magazine/20100401/jerry-murrell-five-guys-burgers-and-fries.html.

Zappos Insights. www.zapposinsights.com.

ÍNDICE